ALEXANDER VON PRONAY

Karten legen – astrologisch deuten

Die Kunst, Ihre Zukunft aus den Karten zu lesen

Originalausgabe

WILHELM HEYNE VERLAG
MÜNCHEN

HEYNE RATGEBER
08/9472

2. Auflage

Copyright © 1994 by Wilhelm Heyne Verlag GmbH & Co. KG, München
Printed in Germany 1996
Umschlaggestaltung: Atelier Adolf Bachmann, Reischach
Umschlagillustration: Elmar Kohn, Landshut
Spielkarten-Illustrationen mit freundlicher Genehmigung
der Altenburger und Stralsunder Spielkarten-Fabriken AG,
ASS, Leinfelden
Satz: Kort Satz GmbH, München
Druck und Bindung: Ebner Ulm

ISBN 3-453-07004-6

Inhalt

Was Ihnen dieses Buch bietet 7
So wird's gemacht 9

Tradition

Die Grundbedeutung der Karten 22
Kombinationen:
    Die Deutung nebeneinanderliegender Karten 27

Astrologische Auswertung

Die vier Farben und ihre astrologischen Entsprechungen 32
Das System: Die Bedeutung der Zahlengruppen 41
Die Bedeutung der einzelnen Karten 53
Deutungsbeispiele 158
Interessantes zum Thema Kartenlegen 166

Die Ähnlichkeiten mit dem Horoskop

Was Sie vom Horoskop wissen sollten 180
Das Wichtigste vom Horoskop und seinen Symbolen 183
Die Bausteine des Horoskops im einzelnen –
    soweit sie für das Kartenlegen von Bedeutung sind 186

Die sieben planetaren Grundprinzipien der Astrologie 188
Astrologisches Kompaktwissen 196
Die zwölf Tierkreiszeichen 199
Die zwölf Häuser des Horoskops 207
Übersicht über die astrologische Zuordnung der
einzelnen Karten 218
Konstellationen = Kombinationen 222
   Übersicht über die Planeten und ihre Aspektverbindungen
   sowie deren Übertragung auf die Karten 222
   Deutungen 226
Die Qualität der Zeit 247

Bücher des Autors 256

Was Ihnen dieses Buch bietet

Die Astrologie ist uralt. Das Horoskop nahm in der Vergangenheit stets eine besondere Position ein, da es gewissermaßen einen »wissenschaftlichen« Weg bot, etwas über die Zukunft zu erfahren. Was an der Astrologie so fasziniert, ist ihr **Deutungssystem**. Der Astrologe muß bei der Arbeit am Horoskop, dem Deutungsschema, zwar kombinieren können, aber er benötigt keinen »sechsten Sinn«, er muß kein Medium sein. Die Deutung des Horoskops erfolgt vielmehr nach bestimmten überlieferten Regeln, die ein geschlossenes System bilden. Am Horoskop mußten und müssen sich alle anderen Methoden der Zukunftsdeutung messen lassen. Sofern diese vor Jahrhunderten entstanden sind, machten sie allesamt irgendwie Anleihen bei der Astrologie. So etwa die Chirologie (Handdeutung). Es fällt nicht schwer, das astrologische System in den Deutungselementen der Chirologie wiederzufinden.

Auch die *Kartomantie*, also die Zukunftsdeutung mit Hilfe von Karten, zeigt Bezüge zur Astrologie. Jedenfalls gibt es derzeit etwa 90 Bücher in deutscher Sprache, die sich mit der Deutung der Tarot-Wahrsagekarten beschäftigen und hierbei astrologischen Gedanken nachspüren. An den Fingern sind dagegen jene Bücher abzuzählen, die sich mit der volkstümlichen Art des Kartenlegens, auch Kartenschlagen genannt, beschäftigen. In diesen Büchern wird die Bedeutung der einzelnen Karten erklärt. Es werden Deutungshinweise und Tips gegeben, wie man Karten legt. Sodann kann man heute Wahrsagekarten kaufen, die nicht auf dem Tarot aufbauen, sondern auf ganz normalen Spielkarten.

– 7 –

Während der Tarot allzeit mehr ein intellektuelles Interesse ansprach, wurde das Kartenlegen mit der Skat-Karte oder einem Rommé-Blatt vielfach durch Zigeuner und andere Umherziehende verbreitet. In ihre Art der Deutung floß viel natürliches Gespür für die psychologische Situation des Fragestellers ein. Eine solche Art und Weise der prognostischen Arbeit mit den Karten verdeckte, daß auch hier nicht nur Anleihen bei der Horoskopie, dem praktischen Teil der Astrologie, gemacht wurden, sondern *daß das ganze astrologische System die eigentliche Grundlage der Kartomantie* ist.

Wer Karten legt, treibt unbewußt »Astrologie ohne Sterne«. Der Kartomant kuppelt gewissermaßen das astrologische System vom Himmel ab und bindet es an die in jedem Menschen und damit auch im Fragesteller vorhandene Intuition.

Dieses Buch gibt zwar auch Hinweise auf die traditionellen Formen und Inhalte der Deutung, doch macht es auch deutlich, wie die Karten mit dem astrologischen System zusammenhängen.

Fazit: *Wer sich in der Horoskopie auskennt, kann nach den Hinweisen in diesem Buch auch Kartenlegen.* Er wird dadurch seine fachlichen astrologischen Kenntnisse vertiefen und seine Kombinationsgabe anregen.

Wer als Laie mit Hilfe dieses Buches Zugang zum Kartenlegen findet, wird nicht nur die traditionelle Art und Weise erlernen, sondern sich automatisch mit den Regeln der Astrologie beschäftigen. Später sollte es ihm daher sehr leicht fallen, ein Horoskop selbst zu deuten, weil ja die Grundlagen der Deutung bereits bekannt sind.

Das Buch ist folgendermaßen aufgebaut:

Teil 1 hat die Praxis des Kartenlegens zum Inhalt. Sie lesen darin, wie Sie es machen müssen. Die ersten Informationen sind dem *Ritual* gewidmet. Dann folgen Ausführungen zu verschiedenen Formen des *Legeschemas,* also wie die Karten ausgelegt werden sollten. Dazu ist es nötig, etwas über die *Personenkarte* zu wissen bzw.

– 8 –

über die *Problemkarten* (auch Aufschlußkarten genannt). Schließlich wird gezeigt, wie das astrologische System in der Kartomantie funktioniert bzw. was die einzelnen Karten bedeuten.

In **Teil 2** wird auf die Theorie eingegangen und in diesem Zusammenhang werden Informationen über den Tarot gegeben.

Teil 3 enthält Hinweise zum astrologischen System, soweit es für die Kartomantie von Bedeutung ist. Wo erforderlich, verweisen Anmerkungen im Teil 1 auf entsprechende astrologische Regeln; z. B. bedeutet der Hinweis »vgl. → A 3« bei der Farbe Karo die Empfehlung, dort über das Merkurprinzip nachzulesen; denn das Merkurprinzip findet in der Kartomantie in der Farbe Karo seinen Ausdruck.

So wird's gemacht!

Erste Entscheidung: Welche Karte, ein Skat- oder Rommé-Blatt?

Je nachdem, was Sie durch die Karten ergründen wollen, müssen Sie verfahren: Wollen Sie »nur mal eben so eine Frage an das Schicksal stellen«? – Dazu eignet sich jedes Blatt. Auch wenn Sie diese Frage – eingebettet in einen größeren Zusammenhang – überdenken möchten oder wenn Sie ein bestimmtes Problem durch die Karten betrachten wollen, können Sie das mit einem **Skat-Blatt** von 32 Karten tun, das zwar übersichtlicher ist, doch bietet das **Rommé-Blatt** mit 52 Karten differenziertere Möglichkeiten der Deutung.

Das gilt auch für den »Stern Davids«. Dieses Legeschema erfaßt mit sieben Themen einen guten Ausschnitt und kann sowohl mit der Skat- wie auch mit der Rommé-Karte gelegt werden. Merke: Je größer die Anzahl der Karten in einem Legeschema ist, um so mehr empfiehlt sich auch das größere Blatt.

Das »Zehn-Karten-Schema« stammt eigentlich aus dem Tarot, eignet sich aber auch für die üblichen Karten.

Eine **Charakterdeutung** sollte nur mit der Rommé-Karte vorgenommen werden. Das *Horoskop* ist dazu das passende Lege-schema. Es eignet sich ebenfalls, um einem Fragesteller eine umfassende Prognose zu stellen, also eine Auskunft zu geben, die alle wichtigen Lebensbereiche erfaßt. In dieser Weise sollte das Horoskop-Schema allerdings höchstens ein- bis zweimal im Monat verwendet werden. Für das »Horoskop« braucht man möglichst viele Kartenwerte. Vorzüglich wäre hier sogar die Verwendung eines zweiten Kartenspiels, um dieser Empfehlung zu genügen.

Ein solches ist auch dann praktisch, wenn Sie das *große Schema* verwenden und 32 Karten auslegen. Entweder geschieht das um die *Personenkarte* herum oder Sie legen vier Reihen mit je acht Karten aus und ziehen dann aus der Lage der Personenkarte Ihre Schlüsse. Manchmal sagt eine bestimmte Karte zu wenig, etwa, wenn man eine Frage an das Schicksal stellt. Dann müssen Sie sich noch durch eine zweite oder dritte Karte weiteren Aufschluß verschaffen. Das kann mit Hilfe der restlichen Karten aus dem Romméspiel geschehen. Oder Sie verwenden dazu ein zweites Spiel, das noch »alle Möglichkeiten« enthält und damit bessere Varianten der Deutung liefert.

Wichtige Bemerkung zur Deutung: Im Tarot hat jede Karte eine positive und eine negative Bedeutung. Liegt eine Karte verkehrt herum, wird die Symbolik negativ gedeutet. Es ist die freie Entscheidung des Deuters, beim Kartenlegen mit der Skat- wie mit der Rommé-Karte ebenso zu verfahren. Allerdings müssen dann die Hofkarten (König, Dame, Bube) markiert werden, etwa durch Buchstaben **r.** (für »richtig«) und **v.** (für »verkehrt«).

Ritual

In der Kartomantie ist es üblich, ein bestimmtes Ritual einzuhalten. Dieses sollten Sie einüben und es stets in der gleichen Weise vollziehen. Es dient der Einstimmung der Psyche in die Aufgabe, ist also keine abergläubische Praktik.

Überhaupt sollten Sie eine positive innere Einstellung zu den Karten einnehmen, sind sie doch die Instrumente, mit denen Sie Ihr Unbewußtes anregen. Wenn Sie bisher zu den Zweiflern gehörten, die glaubten, bei der Erwähnung von Kartenlegen die Nase rümpfen zu müssen, hilft es, an die alten Chinesen zu denken. Sie waren gewiß kluge Leute und nahmen das I Ging-Orakel über Jahrtausende absolut ernst. Es gründet wie das Kartenlegen auf Intuition und bezieht seine Ergebnisse aus den unbewußten Schichten der Seele.

Es soll zweckmäßig sein, daß der Kartenleger ein Blatt verwendet, mit dem nicht gespielt wird, sondern das nur der Deutung vorbehalten bleibt. Man nimmt an, daß es sich mit den Emanationen, der Ausstrahlung des Kartomanten, vollsaugt. Es sollte daher stets an derselben würdigen Stelle aufbewahrt werden. Dies sorgt für das Odium des Besonderen.

Werden einem Fragesteller die Karten gelegt, sollte man ihn grundsätzlich darauf aufmerksam machen, daß das Ergebnis des Kartenlegens in erster Linie von der Qualität seiner Mitarbeit abhängt. Damit diese gelingt, muß die Beratung in einer *entspannten Atmosphäre* erfolgen. Es kommt darauf an, durch die Karten den *Zugang zum Unbewußten* des Fragestellers zu gewinnen.

Jede Hektik ist zu vermeiden, besonders beim Mischen. Wer will, kann auch Räucherstäbchen abbrennen, denn alles, was die Handlung aus dem Rahmen des Alltäglichen heraushebt, ist förderlich. Man sorge für einen Tisch mit großer Fläche zum Auslegen, damit das ausgelegte Schema gut überblickt werden kann.

Wenn erforderlich, entnimmt der Deuter dem Spiel zunächst die **Personenkarte** bzw. die **Problemkarte**. Personenkarte ist für einen Mann in der Regel der Herzkönig, für eine Frau die Herzdame.

– 11 –

Problemkarten richten sich nach der Art des Themas. Geht es um ein finanzielles Problem oder um eine Nachricht, einen Brief, um ein Geschäft, wird man das Karo-As wählen. Ist es eine amtliche Sache, ein Vertrag, eine juristische Sache, eignet sich das Treff-As als Problemkarte, geht es um eine Krankheit, wählt man die Pik-9. Ist der Beruf das Problem, so wird die Berufskarte, die Pik-10, zur Problemkarte. Die Reisekarte ist die Treff-10, die Karte für das Haus das Herz-As, die Familienkarte ist die Herz-10. Das Studium der einzelnen Karten wird anregen, welche Karte man für ein spezielles Problem wählt.

Hat man die Personen- bzw. Problemkarte dem Spiel entnommen, mischt zunächst der Deuter die Karten, um sie gewissermaßen mit seiner Emanation zu imprägnieren. Dann fordert er den Fragesteller auf, das Blatt **gründlich zu mischen**, und zwar die Karten einzeln – also nicht durch päckchenweises Ineinanderschieben.

Sodann wird mit der linken Hand dreimal abgehoben. Der Deuter nimmt die Karten auf und legt sie in einem Stoß oben auf den Tisch. Dann schiebt er ihn auseinander, so daß der Fragesteller eine gute Übersicht über die verdeckt vor ihm liegenden Karten hat.

Schließlich soll der Fragesteller nacheinander die für das ausgewählte Legeschema benötigte Anzahl Karten ziehen. Sie werden vom Deuter zu einem Stoß aufgeschichtet. Damit ist er dann in der Lage, die erste gezogene Karte auch als erste auszulegen, die zweite als zweite usw.

Legeschema: Eine Frage an das Schicksal

Es wird eine Karte gezogen und ausgelegt. Eine oder zwei weitere Karten können die Aussage ergänzen.

Legeschema: Zehn Karten

```
                                    10. Karte

              3. Karte
                                     9. Karte

6. Karte      1. Karte      4. Karte      8. Karte
              gedeckt durch 2. Karte
                                          7. Karte
              5. Karte
```

Es bedeuten:

1. Karte: **Die gegenwärtige Position des Fragestellers**, sein Milieu, sein Arbeitsplatz, seine gesellschaftliche oder partnerschaftliche Stellung.

2. Karte: **Was unmittelbar bevorsteht,** sei es Förderung, seien es Hindernisse oder Probleme.

3. Karte: **Was bisher erreicht wurde und was für ein Resultat noch zu erlangen ist.**

4. Karte: **Vergangene Einflüsse und Ereignisse**, die Grundlage der jetzigen Situation.

5. Karte: **Die letzten Ereignisse** oder starke weiter zurückliegende Einflüsse, die den Fragesteller formten.

6. Karte: **Wie der Fragesteller in der Zukunft leben wird.**

7. Karte: **Momentane Stellung und Haltung des Fragestellers**, soweit sich daraus eine Perspektive ergibt.

8. Karte: **Einfluß des Fragestellers auf andere** und was ihn mit den Personen seines Milieus verbindet.

9. Karte: **Hoffnungen, Gefühle, geheime Wünsche, Ängste**, auch was dem Fragesteller noch nicht bewußt ist oder was er vor anderen verbirgt.

10. Karte: **Höhepunkt oder Ziel, das Endergebnis**, die Zusammenfassung aller Karten.

Legeschema: Tradition

Die Personenkarte (PK) wird in die Mitte gelegt, sodann werden 15 Karten gezogen und in fünf Gruppen aufgelegt. Die erste Karte deckt die Personenkarte. Hat man die ersten fünf Karten wie im Schema angezeigt ausgelegt, folgen weitere fünf in der gleichen Reihenfolge, dann nochmals fünf. Es ist ein beliebtes Schema, das man sich wegen des Reims gut merkt.

Zunächst wird so ausgelegt:

                    3

        2   PK   4

                    1
                    5

Das endgültige Schema:

3,   8,   13

2,   7,   12   **PK**   **4**,   9,   14

1,   6,   11
5,   10,   15

Bedeutung:

Gruppe 1:   »Was mich deckt«.
Es sind die ganz *persönlichen Angelegenheiten* des Fragestellers.

Gruppe 2:   »Was mich schreckt«.
Diese Gruppe betrifft *das Vergangene.*

Gruppe 3:   »Was mir nicht entgeht«.
Dies sind die *Gedanken* des Fragestellers, die ihn zur Zeit am meisten beschäftigen.

Gruppe 4:   »Was mir zur Seite steht«.
Diese Aussage betrifft *das Zukünftige.*

Gruppe 5: »Was mir gewiß ist«.
Diese Aussagen möchte der Fragesteller nicht ernst nehmen, das *will er nicht wahrhaben*.

Eine Variante des Legeschemas Tradition:
Nach der Personenkarte legt man die Karten nacheinander in fünf Reihen auf.

	PK	
1. (1, 2, 3)	»Was mich deckt«	(Die persönlichen Angelegenheiten)
2. (4, 5, 6)	»Was mich schreckt«	(Das Vergangene)
3. (7, 8, 9)	»Was mir zur Seite steht«	(Das Zukünftige)
4. (10, 11, 12)	»Was mir nicht entgeht«	(Die jetzigen Gedanken)
5. (13, 14, 15)	»Was mir gewiß ist«	(Was man nicht wahrhaben will)

Legeschema: Der Stern Davids

Die Personenkarte wird in die Mitte gelegt, sodann sechs Karten nach dem Schema. Dann wird gedeutet. Ist das Ergebnis nicht klar, können noch eine oder zwei Karten zur Ergänzung gezogen werden.

<pre>
              2

       5   6
            PK

       1   3

              4
</pre>

Es bedeuten:
1 Auswirkungen der Vergangenheit
2 Was kann man tun? Welche Wahl kann man treffen? Welche Alternative gibt es?
3 Was bleibt fest? Was ändert sich?
4 Widerstände und/oder Kämpfe?
5 Welche Möglichkeiten gibt es? Welcher Art sind die Hindernisse?
6 Freunde? Feinde?

Legeschema: Das Andreaskreuz

1 und 2 in die Mitte: Für dich
3 und 4 links oben: Für deine Liebe
5 und 6 rechts oben: Was du tust
7 und 8 links unten: Was dich überrascht
9 und 10 rechts unten: Was sich ergibt

Sodann wird zu jeder Zweiergruppe eine dritte Karte hinzugefügt und dann gedeutet.

3 und 4		5 und 6
12		13
	1 und 2	
	11	
7 und 8		9 und 10
14		15

Legeschema: Das Auslegen geschieht um die Personenkarte herum

21	17	11	19	23			
					Die verbleibenden 7 Karten:		
13	5	3	7	15	25		28
					(3 für die linke Seite)		
					(3 für die rechte Seite)		
9	1	**PK**	2	10	26	31	29
16	8	4	6	14	27		30
24	20	12	18	22			

Die letzte Karte deckt die PK, sie färbt grundlegend die ganze Ausdeutung. Die Deutung geschieht nach Kreuz und Diagonale.

Legeschema: Horoskop

Für das »Horoskop« ist ein Rommé-Blatt mit 52 Karten erforderlich. Das Legeschema Horoskop kann unterschiedlich angewendet werden. Als Horoskop im eigentlichen Sinn erlaubt es eine Charakter- und Wesensdeutung zusammen mit Aussagen zur Prognose. Dieses Schema wird man bei einer Person anwenden, die einem fremd ist, zu der man noch keine besonderen Kontakte hatte.

Üblich ist das **Jahreshoroskop**. Hierbei geht es vor allem um die Prognose über einen längeren Zeitraum, daher der Name. Als erstes entnimmt der Deuter dem Spiel die Personenkarte und legt diese zur Seite. Sodann fordert der Deuter den Fragesteller auf, zunächst nur eine Karte zu ziehen, die persönliche, die Hauptkarte, den **Aszendenten** (ASZ) des Spiels. Sie wird verdeckt links in Position 1 abgelegt. Dann soll der Fragesteller nacheinander zwölf Karten verdeckt ziehen. Sie werden in dieser Reihenfolge zu einem Päckchen gestapelt.

Bevor nun die Karten 1-12 ausgelegt werden, ist das **heutige** Datum zu bedenken. Werden an irgendeinem Tag des Monats März die Karten befragt, so kommt die 1. Karte auf den Platz des 3. Hauses. Legt man an einem Tag im September die Karten, so hat man die 1. Karte auf Platz 9 zu legen. Karte 2 jeweils auf die Stelle des nächsten Hauses, also entgegen dem Uhrzeigersinn.

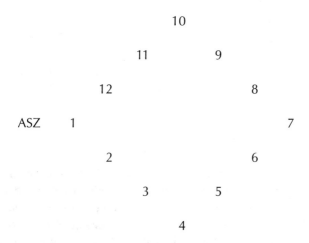

Diese zwölf Karten symbolisieren die zwölf Häuser des Horoskops. Nun werden noch zweimal zwölf Karten in der gleichen Reihenfolge aufgelegt, wieder beginnend beim selben Monat, also bei der ersten Karte, jedoch nicht beim Aszendenten. Schließlich ist jedes Haus durch eine Dreiergruppe gekennzeichnet.

Nun gilt es, das für das gegenwärtige Lebensjahr wichtigste, maximal bedeutsame Haus herauszufinden, was durch das Lebensalter ermittelt wird. Dieses Haus wird durch die Personenkarte markiert.

Wie die **Personenkarte plaziert** wird:

Dazu ziehe man von der derzeitigen Anzahl der Lebensjahre so oft 12 ab, bis ein Rest bleibt. Dieser bezeichnet das Feld, auf das die Personenkarte gelegt wird. Es ist der in diesem Lebensalter maximal bedeutsame Lebensbereich, (vgl. → A 27).

Beispiel: Der Deuter ist 41 Jahre. Es wird dreimal 12 abgezogen = 36, Rest 5. Also markiert man mit der Personenkarte das 5. Feld (oder Haus) des Horoskops (vgl. → A 33).

Ein anderes Beispiel. Ein Fragesteller ist 63 Jahre. Fünfmal kann 12 abgezogen werden, Rest 3. Die Personenkarte wird also das 3. Feld oder Haus als maximal bedeutsam bezeichnen (Bedeutung des 3. Hauses vgl. → A 31).

Zur **Deutung:**

Als erstes wird die erste ausgelegte Karte, der **Aszendent**, umgedreht. Aus ihm wird auf die Grundtendenz des »Jahres« geschlossen. Unter Jahr ist der Zeitraum der nächsten zwölf Monate zu verstehen. Erfolgt das Auslegen der Karten etwa im September 1994, wird die erste Karte an der Stelle des 9. Hauses abgelegt. Die schließlich dort befindlichen drei Karten beziehen sich dann auf den September 1994, die am Platz des 10. Hauses liegenden Karten auf den Oktober 1994 usw. Die Karten des ersten Hauses sind maßgebend für den Januar 1995.

Man kann das Schema in zweierlei Hinsicht deuten. Einmal nach den Häusern, also nach den zwölf wichtigsten Lebensbereichen. Dann kann man es aber auch nach den Trends der nächsten zwölf Monate durchgehen. Es ist allerdings nicht so, daß die Karten auf Platz 7, also im siebten Haus, nur die Eheangelegenheiten (das ist der Inhalt des 7. Hauses) im Monat Juli 1995 betreffen würden. Vielmehr sind es Aussagen zur Ehe innerhalb der nächsten zwölf Monate. Oder man schließt aus den Karten auf Platz 7 auf den Trend im Juli 1994.

Der Aszendent charakterisiert das Thema – die nächsten zwölf Monate – insgesamt. Die Lage der Personenkarte bestimmt dabei den maximal bedeutsamen Lebensbereich. Jedes Haus wird nun für sich gedeutet. Da aber die Lebensbereiche untereinander in Zusammenhang stehen, ergibt sich ein Zusammenhang wie bei einem astrologischen Horoskop. Ein durch Pik-Karten schlecht besetztes 6. Haus weist auf eine schwierige Gesundheit oder ungünstige Arbeitsverhältnisse hin. Ist dazu der Aszendent auch noch kritisch zu bewerten, so wird selbst ein durch Herzkarten gut besetztes 5. Haus (die Liebe betreffend) dennoch nicht den Durchbruch zu einer Zeit einer glücklichen Herzensbindung vermuten lassen.

Tradition

Die Grundbedeutung der Karten

(**U** = umgekehrt liegend, negative Eigenschaften; siehe auch Nebenkarten)

Karo

As   **Nachricht, Brief, Geld,** Organisationsgabe, Lebensänderung; Magie

König   **junger, lediger Mann, Verehrer,** kreativer Mensch; Laune

Dame   **Freundin des Mannes, Konkurrentin,** Hoffnung, Leidenschaft, Energie, Schwung

Bube   **Nachbar, Kollege, Mensch am Scheideweg,** Glücksbote, Helfer; unentschlossen. **U: ein Taugenichts**

10   Materieller Vorteil, Geld, Reise, **Geschenk, wechselnde, neue Ansicht**

9   Chance, Überraschung, Reise, **Einladung, Vorladung. U: Verrat, Gefahr**

8   Gespräch, Neuigkeit, Veränderung, feste Einnahme, **kleines Geschenk, Toleranz**

7   Kind, Einladung, Reise, Wechsel. **U: Sorge, häusliches, finanzielles Problem**

6   Sicherer Weg zum Ziel, **Gelegenheit in der Maske des Alltäglichen**

5   Auseinandersetzung, Streit, **oft Differenz im Geistigen, Alleinsein**

4	Berufliche oder finanzielle Entwicklung, **Gutes durch harte Arbeit**
3	Vertrag, Testament, **warnt vor finanzieller oder rechtlicher Verwicklung**
2	überraschende finanzielle Mitteilung, **Angenehmes**

Treff (= Kreuz)

As	Ring, Geschenk, Amtliches, Erbe, **Macht.** <u>U</u>: gute Nachricht, die sich verzögert, Krankheit, Ärger, Schreck, Chaos
König	**Beamter, vornehmer, schwer durchschaubarer Mann,** Witwer, Arzt. <u>U</u>: Pläne scheitern
Dame	**»dunkle«, ältere Dame,** mit Charme, doch launisch. <u>U</u>: Übeltäterin
Bube	**ergebene Person, Freund, Glücksbote,** gute Nachricht, Aussicht auf Erfolg
10	**große Veränderung, Reise, neue Erfahrung.** <u>U</u>: Strafsache, Prozeß, Ärger
9	**Zufall, kurzer Weg, zu große Hoffnung, Streit.** <u>U</u>: Verlust, Verzögerung
8	**kurze Zeit** (8 Wochen), **Ausflug, Tränen, Krankheit,** Eifersucht, Leid, Sorgen
7	**Träume, Illusion, Unsicherheit, Verzögerung,** Warnung, Hindernis, Trennung, zeigt günstige/ungünstige Ereignisse in nächster Zeit an
6	**Neue gesellschaftliche Kontakte,** Vergnügen, Tanz, finanzieller Vorteil
5	**Streit, Konkurrenz, Hader, Eifersucht,** prahle nicht mit Erfolgen!
4	**Einsam durch Komplexe,** Scheu, Bescheidenheit trotz erwiesener Sympathie

3	**Ärger durch Klatsch,** Kränkung, warnt vor Mißgeschick, mahnt zur Vorsicht
2	**Einladung,** deren Zweck erst später klar wird

Herz

As	**Glück, Liebe, Haus, Ereignis,** Freude, Gelingen, Ehe, romantische Bindung, Gesellschaft, Einladung, <u>U</u>: Veränderung zu erwarten, Umzug
König	**verheirateter Mann, Fragesteller,** solider Mensch, Vater, Protektor, Ratgeber
Dame	**Fragestellerin, verheiratete Frau,** Mutter, Ehefrau, Braut, Sanftmütige, Freude
Bube	**Guter Freund, Wunscherfüllung, Gedanken des Fragestellers,** Hilfe, Vergnügen. <u>U</u>: Enttäuschung, Unglück
10	**Große Freude, Heirat, gewinnbringendes Ereignis,** Glück, gute Nachricht, Ankunft, Wende. <u>U</u>: Geburt, Veränderung
9	**Freudige Gewißheit, Verlobung,** Glück von Dauer, Liebe, Wunschkarte. <u>U</u>: Habgier, Neid, vorübergehende Schwierigkeit
8	**Nächste Umgebung, Besserung,** Wiedersehen, Glück und Erfolg, ein Zimmer
7	**eigenes Heim, häusliche Angelegenheit, Familie,** Erfreuliches, Liebesbeziehung. <u>U</u>: Streit, Ärger, verletzte Gefühle, Aufregung
6	**Treppe nach oben,** Gewinn, Fortschritte, doch mach's nicht zu einfach!
5	**Enttäuschung, Tränen,** unglückliche Zusammenhänge
4	**Selbstverleugnung,** Arbeit lenkt ab, finanziell schlecht, anders gut

3 **Warnung vor Selbsttäuschung,** kleiner Rückschlag, Fallstricke, Mut ist nötig

2 **Liebesbrief, gute Nachricht,** unerwartete Freude, Zufriedenheit, Nähe

Pik

As **Macht, Höchstleistung, Heilkräfte, großes Haus.** U: Gefahr, Abenteuer, Unglück, Krankheit

König **älterer, wohlwollender Herr, beherrschter, tatkräftiger Praktiker.** U: gefährlicher Feind

Dame **unangenehme, unversöhnliche, grausame Person,** Schwiegermutter

Bube **Unangenehmes, Fehlschlag, Intrige, Feinde,** Falschheit; unangenehme Überraschung durch eine Freundin

10 **Beruf; Vorsicht, Klugheit, weiter Weg.** U: Mauer, Schranke, Sackgasse, Aufgeben, schwerer Verlust, Trauer

9 **Krankheit, Gefahr, Unannehmlichkeit, Eifersucht;** schlechtes Omen. U: Furcht, Zerstörung des Alten

8 **Ärger, Schwierigkeit, Abendstunde, Mißgunst, Hindernis,** freudiger Schrecken. U: Bruch eines Versprechens, Betrug, Kummer

7 **Fehlschlag, Trennung, Rückschlag, bevorstehender Verlust,** ungünstiger Ausgang, Torheit

6 **Unruhe, Abwarten auf Entscheidung,** Krankheit

5 **Trennung,** Kummer, oft Reue, evtl. dadurch auch Gutes

4 **Heilung, Revitalisierung,** Pause, Zeit der Unsicherheit

3 **Plötzliche Entschlossenheit,** gründliche Erforschung der Lage ist nötig

2 **Kurze Verzögerung, Aufschub, Hindernis,** Warnung vor Ungeduld

Kombinationen:
Die Deutung nebeneinander liegender Karten

Karo

As	+ K 8	kleiner Geldgewinn
As	+ K 10	großer Geldgewinn
Dame	+ H 7	nahe Verwandte, die es gut meint; liebevolles Kind
10	+ T Kg oder + T Bube oder + T As	Gewinn oder Geldgeschenk
10	+ <u>U</u> T 9	bedeutender Geldverlust
10	+ P 7	Vermögensverlust verändert das Schicksal
10	+ <u>U</u> H As	Verlust an Grundbesitz oder Haus
9	+ T 8	Einladung in ein fremdes Haus
9	+ H 10	Einladung in eine höhere Gesellschaft
9	+ P 10	Geschäftliche Einladung
9	+ P Kg	Aufforderung oder Vorladung
9	+ <u>U</u> T 9	Entlassung, Kündigung
9	+ P 10, P 8 und P 7	schwerer beruflicher Schaden, nachteiliger Ausgang
9	+ H 8 oder H 9	guter Ausgang
7	+ P7 und T Kg, P 8 und P 10	kriminelle Anlagen des Kindes;
	mit P 9	viel Leid durch das Kind

Treff

As	+ P 10	Geldgewinn durch den Beruf
As	+ H 8	Titel, Karriere, Ruhm
As	+ H 9	Frauen finden Bewunderer und Bewerber
As	+ H 10	Hochzeit
As	+ H 9 + H 10	Verlobung der Fragestellerin
UAs	+ Herzkarten	Freudentränen
UAs	+ Treffkarten	Tränen wegen Anfeindung
UAs	+ Karokarten	Vorsicht im Umgang mit anderen Menschen
UAs	+ Piquekarten	Tränen wegen der Gesundheit, wegen Ansehen und Besitz
Kg	+ T Bb + T 9	Gerichtspersonen
Kg	+ P 10 und H 10	hoher Staatsbeamter
Kg	+ H As	einflußreiche Persönlichkeit;
	UH As	Hilfe kommt später
Kg	+ P 7 und P 8	Warnung vor ungesetzlicher Handlung
Kg	+ T 10, T 8 u. P 7	Verkehrsunfall;
	mit T Bb, K Bb und T 9	Gerichtsverhandlung
Dame	+ H As	feindlich gesonnene Frau
Dame	+ T Kg	Vorsicht im Umgang mit Vorgesetzten
	wie vorstehend mit T Bb und K Bb oder K Dame	schlechter Streich
Bube	+ P As	Ziviltrauung
Bube	+ P 7 und P 8 mit UH As und K 8	Vorsicht, Gerichtsvollzieher
Bube	+ T 8, P 8 und UT 9	Gefahr eines Verkehrsunfalls mit Polizei wie oben.

	Liegen H10,	
	H 8, H 9 dabei	guter Ausgang
Bube	+ T As	amtlicher Bescheid
10	+ P 10 und H 10	Berufswechsel, mit Reise verbunden
10	+ H 8 und P 8	Erkrankung mit Erholungsurlaub
10	+ P 7	Hoffnung auf Veränderung schlägt fehl
10	+ P 10	Gefahr für den Arbeitsplatz
10	+ T Dame	eine gehässige Frau bringt Kummer
		und Sorgen;
		wenn Herzkarten in der Nähe
		glücklicher Ausgang
10	+ P 10, H 8, H 9,	hohe Gönner bringen Berufswechsel
	K Kg oder P Kg	
9	+ T Dame u. H 7	angeheiratete Verwandte;
	mit K 7	üble Schwiegertochter
9	+ <u>U</u> P As	Menschen in großem Haus oder
		Betrieb bringen Feindschaft und Ärger
9	+ K 10 oder K 8	Ärger mit dem Finanzamt
8	+ H As	Wohnungswechsel
	mit naher P 7	ungünstig;
	mit H 8	günstig
7	+ H As	es gibt Hausbesitz;
	auch mit K 8	
	und K 10;	
	mit P 7:	kein Kauf

Herz

Bube	+ H 7	männliche Kinder;
		sehr gute Zusammenarbeit
10	+ T As	Heirat, Lottogewinn
10	+ H 8	Erbschaft

9	+ T As	Verlobung
9	+ P Kg	einflußreiche Gönner

Pik

As	+ P 10, auch T Kg	Krankenhaus;
	mit T Dame	Altersheim
As	+ P 10	das Haus, in dem wir arbeiten
As	+ <u>U</u> P 7	gesundheitlicher Schaden;
	und P Kg	Todesfall, Verlust. In Verbindung mit Herzkarten ist das nicht schmerzlich; in Verbindung mit K As Todesnachricht (nicht im eigenen Haus); in Verbindung mit T 10 dadurch Veränderung, mit T 8 bald.
Kg	+ K 10	Hilft aus Geldverlegenheit
Kg	+ H 7 und K 7	Vater des Fragestellers
Dame	+ H 7 und K 7	Mutter des Fragestellers
Dame	+ P 10 u. Herzkarte	Chefin, wohlwollende ältere Dame
Bube	+ T Dame	böse Klatscherei
Bube	+ P 10 und <u>U</u>T 9	Schaden durch böse Kollegen
10	mit Buben u. K 7	Eignung fürs Lehramt
10	+ K 10 + P As	Banktätigkeit, guter Umgang mit Geld
9	+ T Dame, P Bube oder Treffkarten	vor Streit hüten
8	+ <u>U</u>P As und P 7	schwere Krankheit;
	mit P 9 und T 8	Verkehrsunfall
7	mit Herzkarten	Streitigkeiten,
	mit H 7	Familienzwist; in Verbindung mit H 10 dadurch glückliche Abwechslung

Astrologische Auswertung

Die vier Farben
und ihre astrologischen Entsprechungen

Streng genommen sind es ja nur zwei, Rot und Schwarz, doch meint man mit dem Begriff »Farbe« im Sprachgebrauch die vier Symbolgruppen im Kartenspiel. Wohl kannte man seit dem Altertum vier Temperamente, doch entsprechen diese nur ungefähr den vier »Farben«.

Das klassische astrologische System beruht dagegen auf sieben Grundprinzipien, die den Namen von Planeten sowie von Sonne und Mond tragen. Sie bezeichnen typische Verhaltensweisen. Die bekannten zwölf Typen der Tierkreiszeichen sind diesen sieben planetaren Prinzipien zugeordnet. Ohne Zweifel ist das auch mit den vier Farben der Spielkarten so. Aber es gibt keine hundertprozentige Übereinstimmung.

Wer sich in der Horoskopie auskennt, wird in der Farbe Karo ohne weiteres den astrologischen Merkur erkennen, das Prinzip der Vermittlung, des Intellekts, des Geschäftlichen, Kaufmännischen, der Studien und vielseitigen Interessen. Doch Karo ist ein Sonderfall. Pik ist überwiegend saturnischer Natur. Überwiegend aber heißt nicht ganz, nicht hundertprozentig. Denn es schwingt auch Marsisches bei einigen Pik-Karten mit. Noch deutlicher gemischt ist Herz. Hier ist die Affinität zu Venus unverkennbar, doch sind auch Einschläge des Mondprinzips, des Gefühl- und Gemütvollen auffallend.

Problematisch ist allein die Zuordnung von Treff. Es enthält sowohl starke Elemente des Jupiterprinzips der Expansion, doch

– 32 –

auch Drängendes, Dynamisches wie es das Marsprinzip ausdrückt. Das Energie-, Tat- und Sexsymbol Mars aber verträgt sich mit dem großen Harmoniestifter Jupiter nur bedingt. Bei einigen Treffkarten scheinen die Bezüge zum astrologischen Mars zu dominieren, insgesamt aber ist die Zuordnung zu Jupiter gerechtfertigt.

Wer über astrologische Vorkenntnisse verfügt und sich dem Studium der Karten widmet, wird bei der Durchsicht der Merkmale der einzelnen Karten seine analytischen Fähigkeiten schärfen und kann dabei seine Kombinationsfähigkeit erproben. Doch auch der Laie wird schnell erkennen, welche Eigenschaften dem Jupiter und welche dem Mars zuzuordnen sind. Deshalb rate ich Ihnen, den Verweisen auf den astrologischen Teil nachzugehen und nachzuschlagen, was von den Grundprinzipien her festgestellt wird.

Wie es im Laufe der Jahrhunderte zu diesen Mischungen gekommen ist, läßt sich heute nicht mehr sagen. Der Einfluß des einfachen Volkes, besonders auch der Zigeuner auf alles, was mit den Spielkarten zusammenhängt, dürfte dabei eine Rolle gespielt haben.

Da wurde manches »passend« gemacht, abgeschliffen, griffiger und damit popularisiert, was einst einen strengeren Symbolwert hatte. Ganz deutlich wird dies bei den sogenannten »Hofkarten«, unter denen man sich ganz bestimmte Personen vorstellte, etwa im Herzkönig einen blonden Herrn, im Pikkönig einen dunklen Herrn. Eine derartige Zuordnung ist unastrologisch, entsprach (oder entspricht) jedoch dem Bedürfnis, bestimmte Aussagen in populärer Form zu konkretisieren.

Den astrologische Zuordnungen der einzelnen Karten nachzugehen, heißt keinesfalls, etwa neue Deutungen zu erfinden. Eher handelt es sich um eine Rückbesinnung auf den vermutlich ursprünglichen Sinngehalt.

Karo,
der Frühling

→ **Karten:** Nach der Tradition repräsentiert Karo die materiellen und physischen Angelegenheiten des Lebens.

→ **Astrologie: Regent ist Merkur**, vgl. ausführlich **A → 203**.

Positiv: Merkur kann sich in andere hineindenken, nimmt als »Vermittler« viel vom Wesen seiner Partner an. Für sich genommen weist er auf Gewandtheit im Ausdruck, in Wort und Schrift, auf geistiges Streben, Lernwillen, Vielseitigkeit und diplomatisches Verhalten hin. Merkur ist Symbol für Kommunikation, für Besuche, Reisen, Studien, fürs Lernen.

Negativ: In Verbindung mit Saturn bedeutet er Lüge, List, Unaufrichtigkeit, Gerissenheit, Zersplitterung, Neigung zu Nervosität und zu verletzender Kritik. Als Intelligenzplanet sagt er auch über Erfindungsgabe aus. Er hat Bezug zur Anpassung, zu Kontaktfähigkeit und kaufmännischer Begabung (Geschäfte).

Der Zwillingstyp, vgl. ausführlich **A → 217**.

Es liegt in der Natur dieses Merkur-Zeichens, Anpassung und Entgegenkommen zu fördern, zu vermitteln, Geschäfte zu machen, Informationen zu sammeln und zu geben, überall »dazwischen« zu sein. Es ist die Art des Zwillings, nach neuen Formen zu suchen, um sich auszudrücken. Dieser Typ ist meist ein guter Redner und Schreiber, allzeit kontaktbereit und aufgeschlossen, ein extrovertierter Typ.

Die Schwäche des Merkurzeichens Zwillinge sind sein Reizhunger, der wenig Tiefgang erlaubt, was eine unausgewogene bis unordentliche Lebensführung begünstigt, auch das starke Abhängigsein von Stimmungen, die »zwei Seelen in der Brust«. Oft werden die eigenen Möglichkeiten überschätzt, und letzten Endes fehlt es diesem Typ an Durchschlagskraft. Bei einem Merkur in schlechten Aspekten, d. h. Verbindungen mit anderen Gestirnen, darf man auf einen Mangel an Grundsätzen oder auf Oberflächlichkeit schließen. Der echte Zwilling ist selten um einen Ausweg verlegen, wendet dann auch List an oder täuscht.

Treff,
der Sommer

→ **Karten:** Treff hat Bezug auf die finanziellen Dinge, auf Reichtum bzw. Armut, (Geld-)Geschenke, auf Bankiers (wie auch auf verarmte Leute). Damit hat Treff Bezug auf Jupiter. Treff ist ein optimistischer Typ.

→ **Astrologie: Regent ist Jupiter,** vgl. ausführlich **A → 206.**
   In guter Position wird er zum »großen Glück«, denn er ist der Harmonisierer. Jupiter bedeutet Gesetz, Recht, Religion, Sitte und Moral, Wohlwollen und Güte. Er beeinflußt die Glücksfähigkeit.
   Die schlechten Jupiterkonstellationen lassen Verschwendung, unsoziales Verhalten, materialistische Einstellung, Unmoral, Unsittlichkeit, Unglauben und Zweifel erkennen.

Der Schützetyp, vgl. ausführlich **A → 223.**
   Schütze ist ein Zeichen Jupiters. Hier und in den Fischen entfaltet sich dieses Prinzip am deutlichsten.
   Er ist herzlich im Umgang, offen, optimistisch und aufgeschlossen, sehr selbstbewußt und verdankt seine Erfolge sowohl seiner Intuition wie auch seiner Handlungsbereitschaft und Beweglichkeit. Sein Organisationstalent ist bemerkenswert. An den Grundprinzipien Wahrheit und Gerechtigkeit läßt er nicht rütteln. Ein

fairer Kämpfer, der den Sport und die Natur liebt, sich selbst und anderen gegenüber großzügig ist.

Muß der Schützetyp ungünstig bewertet werden, bedeutet das zwiespältige Gefühle und eine leicht verletzbare Eitelkeit. Das läßt ihn launisch erscheinen, zu Übertreibungen neigen oder Opfer einer Selbsttäuschung werden. Dann neigt er auch zu Willkür, Verschwendung, Prahlerei, und er spekuliert.

Von Einfluß ist auf Treff auch **Mars,** vgl. **A** → **205.**

Mars »regiert« den **Widder** (vgl. **A** → **215**), doch beherrscht er neben Pluto auch den **Skorpion** (vgl. **A** → **222**).

Herz,
der Herbst

→ **Karten:** Herz weist auf Gefühle, die mit der Liebe und der Familie in Zusammenhang stehen, auf Trost und Hilfe, neben der Lust am Schönen und an Vergnügen. Typisch ist auch eine sehr mütterliche Einstellung.

→ Astrologie: Regentschaft von Mond und Venus

Der **Mond**, vgl. ausführlich **A** → **202,** symbolisiert vor allem die Seele. Er hat Bezug auf Gefühl, Phantasie, Vorstellungsgabe, auf die Wärme des Gemüts, auf Hingabefähigkeit, auf Traum und Erlebnistiefe. Der Mond ist auch ein Ausdruck des weiblichen Prinzips. Er steht im Horoskop für die Frau oder Mutter. Ihm entsprechen die passive Einstellung und rhythmisches Erleben, aber auch Wechsel, Veränderungen, Reise und Beziehungen zum Volk.

Venus, vgl. ausführlich **A** → **204**, steht für das »kleine Glück«, das Annehmlichkeiten und leichtes Leben verspricht. Venus bedeutet Schönheitssinn, Ästhetisches, Sympathie, Harmonie, Liebe, Kunst, Musik, Lebensfreude, Zärtlichkeits- und Hingabewünsche,

– 36 –

erotische Anziehung, doch auch Streben nach Idealen, Menschenliebe und Verlangen nach Geselligkeit und Freundschaft.

In schlechter Position weist Venus auf Genußsucht, Verschwendung, Vergnügungslust, Leichtsinn, Putzsucht, Übertreibung im Sexuellen oder auf erotisch bedingte Neurosen.

Der Krebstyp, vgl. ausführlich **A** → **218**.

Dem Mond zugeordnet, zeichnen den Krebstyp ein liebevoller, gütiger Wille, Empfindsamkeit, Phantasie und der Wunsch nach unaufdringlicher Lebensführung aus. Das Gefühl dominiert, er hört Untertöne, hat Ahnungen und ist dankbar für Anerkennung und Lob. Seine Intuition warnt ihn oft. Seine Kreativität kann er künstlerisch einsetzen. Der Krebstyp ist fürsorglich, hilfsbereit und hält sich an gesellschaftliche Konventionen. Er weiß um die Notwendigkeit von Disziplin, auch wenn es ihm schwer fällt, sich durch sie einengen zu lassen.

Ein Krebs ist aber auch zu schnell beleidigt und nachtragend, seine Sentimentalität kann zu stark sein. Er zeigt Launen, kann sich gehen lassen und versumpfen. Seine übergroße Phantasie begünstigt Furcht, Unbeständigkeit und Lust zu Veränderungen. Anderen gegenüber ist er oft zu verschlossen: Harte Schale, weicher Kern. Er gibt sich zwar nicht gern als Besserwisser, will aber das letzte Wort haben.

Der Stiertyp, ein Venuszeichen, vgl. ausführlich **A** → **216**.

Der Stier denkt und handelt realitätsbezogen. Er kennt die Grenzen, liebt die Ordnung, ist sachlich, trennt Pflicht von Vergnügen, ist geduldig und ausdauernd, vorwiegend praktisch veranlagt, liebt Musik und Kunst, vor allem auch den Genuß. Er ist für das Natürliche, Unkomplizierte, ist herzlich, gesellig und humorvoll. Veränderungen liegen ihm nicht. Er braucht Sicherheit. Sein Denken und Fühlen kreist vielfach um den Besitz, auch um den des Partners.

Steht die Sonne am Geburtstag in kritischen Aspekten, kann dies das Verlangen nach Bequemlichkeit und Genüssen ebenso anzeigen wie Starrsinn oder Sturheit, Eifersucht, die den Partner vereinnahmt; so kann der Stier auch ein hartgesottener, einseitiger und unbeugsamer Typ sein, der an seinen Vorurteilen festhält, geistig wenig beweglich ist, der aber auch sehr von der Stimmung abhängt, die ihn länger in ein Tief drängen kann.

Das zweite Venuszeichen im Tierkreis ist **Waage**, vgl. **A → 221**.

Pik,
der Winter

→ **Karten:** Pik bezeichnet oft negative Erlebnisse, Hürden, Hemmung, Verzögerung, aber auch ungerechtfertigte Aggression, Zweifel, Egoismus.

→ **Astrologie: Regent ist Saturn** mit einem gewissen Einschlag von **Mars.**

In positiver Hinsicht ist das Wesen des »Schicksalsplaneten« **Saturn**, vgl. ausführlich **A → 207**, mit Einsicht, Erfahrung, Reife, Pflichterfüllung, Weisheit, Ernst, Konzentration, Ausdauer und Fleiß zu umschreiben. Ein ausgeprägtes Gewissen läßt nach letzten Erkenntnissen streben und begünstigt das geduldige Ausharren.

In negativer Hinsicht bedeutet Saturn Pessimismus, Trennung, Mißtrauen, Zermürbung, die großen Prüfungen im Leben, Sorgen und Not, Leid und Hindernisse, Verzögerungen und Erschwerungen.

Mars, vgl. ausführlich **A → 205**, ist das Symbol für die aufbauende wie für die zerstörende Energie, für Trieb und Drang, Heftigkeit, Wille, Impuls, Mut zur Entscheidung und Handlungsbereitschaft. Mars kann anzeigen, ob man das Dasein aktiv und positiv gestaltet oder ob man sich treiben läßt. Dem Feuer seiner Leidenschaften und der Lust zu körperlicher Entfaltung, dem Mut zum Angriff und der Schärfe der Argumente im Geistigen stehen negativ gegenüber: das Überborden der Kräfte, die allzugroße Sinnlichkeit und Heftigkeit der Reaktionen, ein vorschnelles und ungenaues Urteilen, auch Grausamkeit und Brutalität. Mars kann weit voranbringen, in gespannter Stellung aber auch Freude am Konflikt, an Bosheit und Hinterlist bedeuten.

Der Steinbocktyp, ein Saturnzeichen, vgl. ausführlich **A → 224**.

Der Steinbock spiegelt die Natur Saturns, hat viel Sinn für die Wirklichkeit, konzentriert sich auf das Wesentliche, ist fleißig, verläßlich, ausdauernd, sparsam und sehr korrekt. Seine Energie setzt er methodisch ein und »klettert« langsam zu seinen ehrgeizigen Zielen. Ein Steinbock geht auf Nummer Sicher und scheut Experimente. Er hat Berufsaussichten als Ingenieur, Hausverwalter, Baumeister oder Handwerker, in »erdgebundenen« Berufen.

Negativ beurteilt, denkt und handelt der Steinbocktyp egoistisch, neigt zur Selbstüberschätzung, ist eigensinnig, scheinheilig und kann infolge seines Mißtrauens anderen gegenüber nur schwer sein Herz öffnen.

Der Skorpiontyp, ein Mars- bzw. Plutozeichen, vgl. ausführlich **A → 222**.

Zwar ist der Widder das eigentliche Zeichen des Mars, doch zur Charakterisierung seines Einflusses in der Farbe Pik ist der Skorpion, das zweite Marszeichen, geeigneter. Dieser vermag durch seinen ausgeprägten Charakter zu faszinieren, zumal etwas Geheimnisvolles in seiner Natur mitschwingt. Der unbedingte Wille zur Durchsetzung der Individualität, sein enormer Selbsterhaltungstrieb, Zähigkeit und Ausdauer, das sehr gefühlsbetonte Zweckdenken, Stolz, Selbstachtung sind hervorzuheben. Er ist der geborene Forscher, ein Psychologe, der um das »Stirb und Werde« weiß, für den Tod und Auferstehung keine Redensarten sind. Höhen und Tiefen des Daseins sind ihm vertraut.

Da er ständig unter Spannung steht, kann er in Extreme verfallen. Mißtrauen prägt seine Einstellung gegenüber anderen, er ist listenreich, rachsüchtig, aggressiv, eigensinnig und bei übertriebener Sinnlichkeit schrecklich eifersüchtig.

Häufig sind Unterleibs-, Hals- und Nasenkrankheiten, die Neigung zu Entzündungen, Hämorrhoiden und Vergiftungen; doch ist Skorpion auch das Zeichen mit der stärksten Regenerationskraft.

Das System:
Die Bedeutung der Zahlengruppen

Die Zweier   Astrologisches Symbol: Mondknoten

Kommunikation, Verbindung, Gemeinschaftliches, Bedeutsam für Nachrichten

Die Mondknoten gelten in der Astrologie als bewährtes Symbol für alle Arten von Gemeinsamkeiten, besonders für Zusammenarbeit, für das Zusammenleben bis hin zu Gruppenaktivitäten. Die Zweier entsprechen als Karten mit sozialem Bezug ausgesprochen dieser astrologischen Symbolik.

Im Horoskop weisen die Mondknoten deutlich auf die Befähigung, auf Lust oder Unlust zum sozialen Engagement hin. Sie lassen erkennen, wie weit jemand anderer bedarf, um sich selbst entfalten zu können, wie weit er aber auch am Leben anderer Anteil nehmen kann. Damit liefern auch die Zweier bei der Charakterdeutung Hinweise auf die Fähigkeit und die Umstände zur Integration.

Bei der prognostischen Auswertung lassen die Zweier erkennen, wie weit der Einfluß der anderen auf den Fragesteller ist, ob etwa ein besonderes Problem nur mit ihrer Hilfe lösbar wird, ob es also günstig ist, sich auf andere zu stützen und sie für sich zu gewinnen. Die Zweier sind als Träger der Kommunikation auch Nachrichtenkarten.

Karo – 2: Hinweise auf geschäftliche Zusammenarbeit, gemeinsame Studien, eine Gruppenreise oder Reisegruppe.

Treff – 2: Der Jupitereinfluß zeigt sich in einem starken Selbstgefühl, das negativ zur Überheblichkeit werden und damit
stören kann. Das Ich dominiert in der Gruppe.

Herz – 2: Hinweis auf Freundschafts- oder Liebesbündnis, kann
auch die familiäre Verbindung betreffen.

Pik – 2: Hinweis auf eine Verbindung, die durch Druck von
außen einer Belastung ausgesetzt ist. Schicksalhafter
Einfluß auf eine Verbindung. Guter Rat oder Anteil-
nahme älterer oder erfahrener Personen.

Die Dreier   Astrologisches Symbol: Neptun

*Die Antenne für feinste geistig-seelische Schwingungen. Daher
auch Beeinflußbarkeit, Unentschlossenheit, Schwanken, Schwäche; Einflußnahme anderer*

Das Maß der Einflußnahme Neptuns im Horoskop bzw. der Dreier
bei den Karten richtet sich nach der Stärke der Persönlichkeit. Ist
diese ausgeprägt realistisch (z. B. bei vielen Treffkarten) wird die
Gefahr des Abgleitens in Schwächen nicht groß sein. Liegt viel
Herz dabei, kann Romantik ins Spiel kommen. Diese kann den
Blick für notwendige Erfordernisse trüben. Dreier mit Bezug auf
Ehe oder Freundschaft können aber auch auf Mißtrauen weisen,
auf eine getrübte Beziehung als Vorstufe einer Trennung.

In Zusammenhang mit einer schlechten Gesundheit erweisen
sich die Dreier auch als »Giftkarten«. Die Dauer der Auswirkung
erstreckt sich gewöhnlich über einen längeren Zeitraum. Oder es
setzt die unterminierende Wirkung einer gegen den Fragesteller
gerichteten Aktion erst nach Ablauf einer gewissen Zeitspanne ein.

Karo – 3: Eine Nase fürs Geschäftliche haben, Sinn für gute Gelegenheiten; ausgesprochene Reiselust oder Chance weiter Reise bzw. Auslandsaufenthalt, innere Beziehung zu Ausländern.

Treff – 3: Finanzielle Schwäche, schlechte Rechtslage, ungünstig für Amtliches.

Herz – 3: Hinweis auf innige bis platonische Beziehung oder Untreue, Betrug in einer Partnersache.

Pik – 3: »Gifte« drohen, in übertragenem Sinn auch Intrigen, üble Nachrede, Verdruß durch politische Aktivität oder ideologische Verunsicherung, eigenartigen Gedanken nachhängen; Gefahr durch eine Sekte.

Bemerkung: Da die Skatkarte (das 32-Blatt-Spiel) keine Dreier enthält, sollte deren Charakteristik von den Neunerkarten berücksichtigt werden.

Die Vierer Astrologisches Symbol: Saturn

Sicherheit, Routine, langsamer, stetiger Aufstieg, Besitz, konstruktive Entwicklung. Negativ: Abnützung, Entfremdung bis hin zur Trennung

Die Deutung erfolgt vorwiegend positiv. Eine Vier kann aber auch auf Störungen schließen lassen, wenn das Umfeld danach ist. Sehr günstig sind Vierer immer in Zusammenhang mit Bauangelegenheiten, mit Konstruktion, Organisation, wobei der Blick sich auf das Machbare richtet. Selten ist allerdings eine sofortige oder rasche Erledigung zu erwarten. Hindernisse werden durch Geduld und Ausdauer überwunden. Strebsamkeit kann in Verbindung mit Ehrgeiz selbst hohe Ziele erreichen lassen. Bei gutem Umfeld entschärfen sich Probleme von allein, wird die Beurteilung einer unangenehmen Sachlage milder und vermag man auch die anderen, vorteilhafteren Seiten einer negativen Sache zu sehen.

Ein sehr schlechtes Umfeld weist auf Einbußen, Abnützung, bis hin zu Trennung.

Karo – 4: Nur solide Geschäfte lohnen; Gefahr durch Spekulationen. Nutzen durch einen Bau oder eine Wohnungssache.

Treff – 4: Vorteile durch Aktien oder langfristige Anlagen, durch gründliche Vorbereitung eines Vertrags.

Herz – 4: Eine auf Vernunft gegründete Beziehung, evtl. Altersunterschied.

Pik – 4: Der Blick richtet sich (zu) sehr auf das Wesentliche. Das kann zu Vorurteil und damit zu einer negativen Einstellung gegenüber einer Person oder einem Projekt führen.

Die Fünfer   Astrologisches Symbol: Mars

Zu viel Energie, starke Spannungen, die zu Zank und Streit führen, Hektik, Unruhe, Trennung, Gewalteinwirkung

Die Deutung ist gemäß der marsischen Natur vorwiegend negativ. Die Unrast treibt zu Veränderungen im Beruf, in der Liebe, im Wohnort. Fünfer wollen dominieren, sich durchsetzen, anerkannt werden. Bei günstigem Umfeld schaffen sie das ohne Schaden und bleiben dabei ehrlich. Liegen Fünfer bei gehäuft negativen Karten, greifen sie auch in die Trickkiste und stechen die Konkurrenz aus. Fünfer schaden sich durch Übereifer, durch Ungeduld und Spekulationen, sie bekommen rasch Fieber oder sind durch Unfälle gefährdet.

Karo – 5: Allzu direktes Vorgehen schadet Geschäften wie Studien. Kommunikation leidet durch Überheblichkeit.

Treff – 5: Kritische Beziehung zu Vorgesetzten, schlecht für Vertrags- oder Rechts- bzw. Finanzangelegenheit.

Herz – 5: Stürmische Liebe, starke triebhafte Erregung, aber auch Fehler bei der Partnerwahl.

Pik – 5: Nachhaltiger Schaden bei Meinungsdifferenzen, mit dem Kopf durch die Wand wollen, heftige Auseinandersetzung; Gefahr eines Unfalls, einer Operation.

Bemerkung: Da die Skatkarte (das 32-Blatt-Spiel) keine Fünfer enthält, ist deren Charakteristik von den Siebenerkarten zu berücksichtigen.

Die Sechser   Astrologisches Symbol: Jupiter

Das Lebensoptimum, die Berufung, Anpassung, Recht und Ordnung, Pflichterfüllung stehen über persönlichen Wünschen, Karte der Weisheit und Humanität

Sechser im Spiel beruhigen, harmonisieren, gleichen aus und geben damit Chancen, überlegt zu handeln, nacheinander zu tun, was Erfolg verspricht. Sechser ermöglichen es, den richtigen, d. h. den passenden Platz im sozialen Gefüge einzunehmen. Sechser folgen gern ihrer Berufung. Dabei kann es allerdings Probleme mit der Umwelt oder jenen Personen geben, die über den Weg der Sechser-Person zu befinden haben. Die Konsequenz kann dann ein unbedingtes Festhalten an dem sein, was als gerecht empfunden wird.

Die Gefahr dieser Karte liegt in der Übertreibung, etwa daß Bekennertum zur Heuchelei oder Frömmelei wird. Im allgemeinen aber ist jede Sechs eine nützliche Karte.

Karo – 6: Lohnende Geschäfte, erfolgreiche Studien, Anregung durch Reise oder Auslandsbeziehung.

Treff – 6: Protektion, Förderung in rechtlicher, finanzieller, vertraglicher Angelegenheit.

Herz – 6: Aufrichtige Liebe, eine legale Verbindung anstreben, humanitäre Bestrebungen, Hilfe für sozial Schwache.

Pik – 6: Langsame Entwicklung zum Besseren; kritische Rechts- oder Finanzlage.

Bemerkung: Da die Skatkarte (das 32-Blatt-Spiel) keine Sechser enthält, ist deren Charakteristik bei den Zehnerkarten zu berücksichtigen.

Die Siebener   Astrologisches Symbol: Uranus

Die plötzliche Wende, der Zufall, zu tiefen Einsichten kommen, aussteigen wollen, der Blitz aus heiterem Himmel

Die »böse Sieben« hat Bezug auf das Ungewöhnliche. Die 7-Jahres-Perioden im Menschenleben enden meistens mit Krisen. Es sind Rhythmusstörungen, die jedoch eine neue Sicht auf die nächste Periode ermöglichen. Es kommt darauf an, das Belastende zu erkennen und sich von hinderlichen Bindungen frei zu machen. Insofern drücken die Siebener immer einen starken Freiheitswunsch aus.

Siebener bezeichnen wie die Uranuseinflüsse im Horoskop Wendepunkte, markieren Einschnitte, die zwar als schmerzhaft empfunden werden, die aber in der Konsequenz eine geistige Höherentwicklung möglich machen. Siebener beziehen sich daher mehr auf das Innenleben des Menschen als auf äußere Einflüsse. Solche erweisen sich höchstens als geeignete Auslöser für

– 46 –

das innerlich Angelegte. Blinder Fortschrittsoptimismus erweist sich als trügerisch. Besser, man hält sich ans Bewährte, anstatt Traditionen abzulehnen.

Karo – 7: Geschäftliche oder Studienziele, Absichten in der Kommunikation oder eine weite Reise betreffend, sind zu hoch veranschlagt. Die Risiken sind zu groß.

Treff – 7: Warnung vor Risiko und vor extremer finanzieller wie gesundheitlicher Belastung, vor Rechtsstreit.

Herz – 7: Veränderung – so oder so – in Liebe oder Freundschaft; neuer Flirt.

Pik – 7: Fehlschlag, Verlust, Einschränkung, plötzliches Mißgeschick.

Bemerkung: Bei Verwendung der Skatkarte (32-Blatt-Spiel), in der die Fünfer fehlen, werden diese durch die Siebener mit vertreten. Die Kombination des Marseinflusses mit dem des Uranus wirkt dann bei allen Farben und allen Gelegenheiten negativ verschärfend.

Die Achter   Astrologisches Symbol: Pluto (Skorpion)

»Macht und Masse«, »Stirb und werde!«, höhere Gewalt, starkes Regenerationsvermögen, Durchsetzung

Bei den Achtern geht es stets um Macht. Gewalt kann angewendet werden oder sich in verschiedener Form gegen den Fragesteller richten. Die Konsequenzen sind meistens negativ: Leid, Sorge, Tränen, Krankheit, Hindernisse, eingeschränkte Wirkungsmöglichkeiten. Die unbedingte Durchsetzung des Willens und damit bestimmter Absichten, muß nicht notwendigerweise zu einem

Scheitern führen. Bei gutem Umfeld kann der Schrecken ein freudiger sein, kann ein Umschwung zum Besseren eintreten.

Karo – 8: Es will wirtschaftliche Macht ausgeübt werden. Die Überlegenheit kann dann Großzügigkeit bringen, daher auch Geschenk und Toleranz.
Treff – 8: Einbußen, Verlusttendenz, Negatives durch Vertrag, Eifersucht, Tränen, Sorgen.
Herz – 8: Durchsetzung in der Partnerschaft, Emanzipation.
Pik – 8: Schwierige Lebenssituation, Kündigung, Krankheit, Mißgunst, Hindernis.

Die Neuner   Astrologisches Symbol: Venus

Sehnsucht nach dem Einswerden mit dem Partner oder mit Gott, die große Leidenschaft, Humanität, Religion – aber auch Schwäche, Täuschung und Enttäuschung

Venus will Harmonie schaffen, ein Dasein in Harmonie führen. Die Neuner versuchen das auf vielen Ebenen zu realisieren, sei es privat in der Zweisamkeit, durch Einsatz für Ideale der Humanität, des Kampfes für mehr Menschlichkeit. Triebfeder ist eine starke Sehnsucht. Gibt es keine Erfüllung, droht die Enttäuschung (vgl. die Dreier – Neptun).

Karo – 9: Greifbare materielle Ziele, mehr Wohlstand, gesellschaftliche Einladung.
Treff – 9: Zu große Hoffnungen führen zur Enttäuschung, die echten Ziele sind nicht materieller Natur.
Herz – 9: Liebessehnsucht, die mehr als nur eine individuelle Partnerschaft betrifft; hohe humanitäre Ideale.

Pik – 9: Sorge, Kummer, Minderwertigkeitsgefühl, die eigene Unzulänglichkeit bedrückt, Ratlosigkeit stimmt depressiv. Furcht, Krankheit, Gefahr.

Die Zehner   Astrologisches Symbol: Medium Coeli; MC
                                   In der Skatkarte: Jupiter

Erfolg, Ruhm, Ehre, das maximal Erreichbare

Zehner bezeichnen das Ziel, das individuell vorgegeben ist. Zehner stehen in Bezug zum Erfolg. Vollkommen ist das Erreichte, wenn es die Erfüllung der Berufung darstellt. Insofern sind auch Rückschlüsse auf den »Beruf« erlaubt.

Karo – 10: Das äußere Erreichbare, Chefsituation, Geschäftserfolg, Wohlstand.
Treff – 10: Der ideelle Gewinn, auch die Ehre, stehen im Vordergrund.
Herz – 10: Liebesglück als Ideal.
Pik – 10: Erfüllung eines langen Strebens, gewissenhafter Studien, einer umfassenden Erfahrung.

Bemerkung: Bei Verwendung der Skatkarte (32-Blatt-Spiel), in der die Sechser fehlen, werden diese durch die Zehner mit vertreten.

Die Buben   Astrologisches Symbol: Merkur (Zwillinge)

Die Jugend, jugendliche Verwandte, Boten, Freunde; Geschäfte, Studien

Die Karten sind in der unterschiedlichen Fächerung der Farben die Personifizierung Merkurs. Buben symbolisieren Beweglichkeit, Aufbruch, vielseitige Interessen, Vermittlung, Studien, Reise, Kommunikation.

Das Umfeld sagt aus, ob und wie die Intelligenz, der Drang nach Bewegung ausfallen. Buben stellen oft die Gedanken der durch Hofkarten bezeichneten Personen dar. Gemäß dem Merkurzeichen Zwillinge haben Buben auch Bezug zu Handel und Wandel.

Karo Bube: Geschäftliche Interessen und solche an Kommunikation und Werbung.

Treff Bube: Amtliche Themen, Vertragsangelegenheiten, grundsätzliche Entscheidungen, wissenschaftliche Aktivitäten, weite Reisen, Ausland.

Herz Bube: Die Liebe triumphiert, Liebesgedanken, humanitäre Anliegen.

Pik Bube: Konzentration, Einbahnstraße im Denken, tiefgründend, doch weniger anpassend, Probleme durch Vorurteil oder zu konservative Haltung.

Die Damen   Astrologisches Symbol: Mond

Das YIN-Prinzip; Du, Ergänzung, Ausführung, Empfangen; Fruchtbarkeit, Volk

Die Zeichen Krebs (Regentin: Mond) und Stier (Regentin: Venus) können zur Einschätzung herangezogen werden. Vor allem der Mond liefert Bezüge, die der Rolle des Femininen gerecht werden: Familie, Fürsorge, Phantasie, Kreativität, weniger eigenschöpferisch als reproduktiv.

– 50 –

Als Hofkarten können die Damen auch traditionell ganz bestimmte Damen-Typen repräsentieren.

Karo Dame: Geschäftsinn, der sich auf Geselligkeit,Geschäftliches, Reisen, Diplomatie richtet; die blonde, helle Frau.

Treff Dame: Intuition, die größere Zusammenhänge überschaut, die richtige gesellschaftliche Stellung erwirbt, Erreichtes auch vertraglich absichert.

Herz Dame: Karte der Fragestellerin; die Ehefrau oder die »Herzdame«. Sie ist warmherzig, gefühlvoll und dem Fragesteller wohlgesonnen.

Pik Dame: Die »dunkle« Frau, die Übles will; ihr Urteil ist fundiert und unbestechlich. Sie durchschaut die Zusammenhänge.

Die Könige   Astrologisches Symbol: Sonne (Löwe)

Das YANG-Prinzip; Autorität, Lebenskraft, Gesundheit, der Repräsentant, Anführer oder Pionier

Könige sind Regenten verschiedener Lebensbereiche. In diesen ergreifen sie die Initiative und sorgen für tatkräftige Durchsetzung ihrer Absichten und Pläne.

Karo König: Der erfolgreiche Geschäftsmann, der im Wohlstand lebt. Ein eher jüngerer »heller« Herr.

Treff König: Beamter, schwer durchschaubarer Herr. Weder »hell« noch »dunkel«.

Herz König: Verheirateter Mann, der Fragesteller, Vater, Protektor, Ratgeber.

– 51 –

Pik König: Älterer erfahrener Herr, ein Praktiker, beherrscht und tatkräftig.

Die Asse   Astrologisches Symbol: Aszendent

Individualität, Unabhängigkeit, Entscheidungsfreude, Wille und Mut, Initiative

Die Asse repräsentieren das Ich, seine Begehrlichkeit, seine Unbeugsamkeit bei der Verfolgung individueller Ziele, ganz besonders in der Partnerschaft. Je nach Umfeld profilieren sich die Persönlichkeiten oder die Wünsche.

Karo As: Will besitzen; das Leben ändern, investieren, Geld, Geschäfte, Nachricht.

Treff As: Macht, amtlicher Einfluß, Vertrag (Ring, Erbe); Krankheit, Schreck, Chaos.

Herz As: Freudiges Ereignis, Liebesglück, gutes Gelingen; Veränderung, Umzug.

Pik As: Macht und Einfluß, Höchstleistung mit Gefahr verbunden, Abenteuer, Unglück, Krankheit.

Die Bedeutung der einzelnen Karten

Der folgende Text beschreibt jede der 52 Karten nach ihrer astrologischen wie auch ihrer traditionellen Bedeutung. Der Satz über die Bewertung der **Qualität** gibt an, ob die Karte für sich genommen im allgemeinen positiv oder negativ auszulegen ist. Pik 7 etwa ist grundsätzlich negativ zu bewerten, Karo König dagegen positiv. Das Zeichen **U** kennzeichnet negative Bedeutungen. Diese kommen in Frage, wenn die Karte verkehrt herum liegt oder wenn das Umfeld durch negative Karten (etwa Pik 7, Pik 9 etc.) besetzt ist.

Jede Karte symbolisiert einen Planeten oder eine Kombination von zwei oder drei Planeten. Die astrologische Auslegung erfolgt in der Weise, daß die in der Rubrik »astrologische Entsprechungen« angeführten Grundbedeutungen kombiniert werden. Das Ergebnis kann in zweierlei Form vorliegen. Einmal als **Deutung des Wesens,** wenn man nach dem Legeschema Horoskop arbeitet. Ob die Auslegung positiv oder negativ zu erfolgen hat, richtet sich nach der Karte, ob sie etwa richtig oder verkehrt herum liegt, oder nach dem Umfeld. In der Regel wird man aber an einer **Prognose** interessiert sein bzw. die Wesensdeutung mit der Vorausschau verbinden. Auch hier entscheiden die Art der Karte, ihre Lage und das Umfeld, ob der positive oder der negative Text angewendet werden soll. Eine Übersicht über die astrologischen Kombinationen bringt der Abschnitt Konstellationen = Kombinationen (siehe Seite 222).

Lfd. Nr. der Karte: 1

Karo As

Merkur:
Astrologische Entsprechung:
Bewegung, Vermittlung, Vernunft, Rede und Schrift, Geschäfte, Reise, sachliche Interessen, Kritik, Nerven

mit Aszendent:
Astrologische Entsprechung:
Das Ich, die stärkste Ausdrucksform des Willens, Habitus, Charakter, Gesundheit

Bewertung im allgemeinen positiv

Deutung nach der Tradition:
Nachricht, Brief, Geld, Organisationsgabe, Lebensänderung, Perfektion; Magie.
U Besitz ohne Glück,
U Desorganisation, übers Ziel hinaus schießen

Wesensdeutung positiv:
Es wirkt im intellektuellen Bereich ein aktivierender Trend, der die geistige Energie erhöht. Er verstärkt alle Tendenzen wie Redebegabung, Gewandtheit im Ausdruck. Diese Person zeigt pädagogisches Geschick, kaufmännische Fähigkeiten und ist evtl. schriftstellerisch begabt.

Wesensdeutung negativ:
Ähnlich wie vorstehend, doch tendiert diese Person zu geistiger
Angespanntheit, zu Kritik und Nervosität.

Die Prognose

Prognose positiv:
Beste geistige Entwicklungschancen, besonders auch geschäftlicher Erfolg. Eine günstige Gelegenheit zur Kommunikation, zu
einem Besuch oder einer Reise.

Prognose negativ:
Wie vorstehend, jedoch mit einer Tendenz, sich durch Nervosität
um den Erfolg zu bringen. Zersplitterung der geistigen Kräfte, Verstimmung im Milieu; andere werden überfordert.

Lfd. Nr. der Karte: 2

Karo König

Merkur:
Astrologische Entsprechung:
Bewegung, Vermittlung, Vernunft,
Rede und Schrift, Geschäfte, Reise,
sachliche Interessen, Kritik, Nerven

mit Sonne:
Lebenskraft, Individualität,
Machtstreben, Ehrgeiz,
Verantwortung, das männliche
Prinzip, Vater, Gatte, Herz, Kreislauf

Bewertung im allgemeinen positiv

Deutung nach der Tradition:
Junger, lediger Mann, Verehrer, ein loyaler Freund, ein sehr intelligenter, kreativer Mensch; geschäftlicher Erfolg.
U Laune,
U Bestechlichkeit,
U der Zweck heiligt die Mittel; Unglaube

Wesensdeutung positiv:
Gedankenkraft und Wunsch wie Fähigkeit zu persönlichen Kontakten. Der Verstand ist klar, die intellektuellen Fähigkeiten sind überzeugend, es gibt gute geschäftliche und praktische Anlagen, aber auch künstlerische Entwicklungsmöglichkeiten.

Wesensdeutung negativ:
Fähigkeit zur Kommunikation, aber Zersplitterung der Gedanken, Nervosität. Unkonzentriertes Arbeiten, Anlaß zur Nachrede geben.

Die Prognose

Prognose positiv:
Klare, vernünftige Entscheidungen, Erfolg in Geschäft und Studien, auf Reisen, bei Kontakten. Erfolgreiche Werbung, geschickte Verhandlungen.

Prognose negativ:
Mißstimmung durch Fehlurteil, falsche Einstellung im Beruf und im Umgang mit anderen. Ungünstig für Studien, Kaufmännisches. Negatives Verhandlungsergebnis, Ärger durch Kinder oder Jugendliche.

Lfd. Nr. der Karte: 3

Karo Dame

Merkur:
Astrologische Entsprechung: Bewegung, Vermittlung, Vernunft, Rede und Schrift, Geschäfte, Reise, sachliche Interessen, Kritik, Nerven

mit Mond:
Astrologische Entsprechung: Seele, Phantasie, Gemüt, Wechsel, Heimat, das weibliche Prinzip, Mutter, Gattin, Volk, Fruchtbarkeit, Magen

Bewertung im allgemeinen positiv

Deutung nach der Tradition:
Freundin des Mannes, Konkurrentin, Hoffnung, Leidenschaft, Energie, Schwung, Wohlbefinden durch positive innere Einstellung.

Wesensdeutung positiv:
Gute Auffassung, rasches Denken, Beweglichkeit, ein gutes Vergleichsvermögen. Auch eine vernünftige Lebensweise und Erfolge auf geistigem wie auf praktischem Gebiet. Sich gut in das Wesen anderer einfühlen können.

Wesensdeutung negativ:
Gegensatz von Gefühl und Verstand, von Neigung und Pflicht, von

Interessen und Beruf. Auf der einen Seite Beliebtheit, auf der anderen stehen Anfeindungen oder unangenehme Erfahrungen in der Liebe. Nicht verstanden zu werden kann zu einem einsamen Leben führen.

Die Prognose

Prognose positiv:
Beweglichkeit, Reiseantritt, Erfolge durch Korrespondenz oder Schriftliches, eine gelungene Absprache, Bekanntschaft.

Prognose negativ:
Unlust, Nervosität, Irrtum, Fehlleistung der Nerven. Ärger auf einer Reise.

Lfd. Nr. der Karte: 4

Karo Bube

Merkur:
Astrologische Entsprechung:
Bewegung, Vermittlung, Vernunft,
Rede und Schrift, Geschäfte, Reise,
sachliche Interessen, Kritik, Nerven

im Zeichen Zwillinge:
Besonders starke Auswirkungen, auch
Nervosität, zu vielseitig, zersplitterte
Kräfte, Stimmungswechsel

Bewertung im allgemeinen positiv

Deutung nach der Tradition:
Nachbar, Kollege, ein Mensch am Scheideweg, Glücksbote, Helfer; Unentschlossenheit.

Wesensdeutung positiv:
Flinker Verstand, vielseitige Interessen, überall dabei sein wollen, Informationsbedürfnis, Vorteile durch Studien und Geschäfte, jugendliche Begeisterung.

Wesensdeutung negativ:
Zersplitterung der geistigen Kräfte, Nervosität, sich zuviel vornehmen, Launen, Wandel in der Auffassung, Stimmungsschwankungen.

Die Prognose

Prognose positiv:
Verhandeln, Reden schreiben, kommunikativ sein, sich um Studien oder Geschäfte kümmern, diplomatisches Verhalten wirkt ausgleichend.

Prognose negativ:
Nervosität, Zerstreutheit, einander widerstrebende Interessen verfolgen, Mißstimmung durch negatives Erlebnis.

Lfd. Nr. der Karte: 5

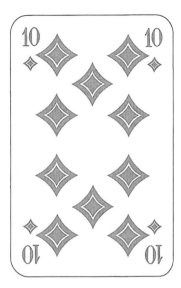

Karo 10

Merkur:
Astrologische Entsprechung:
Bewegung, Vermittlung, Vernunft,
Rede und Schrift, Geschäfte, Reise,
sachliche Interessen, Kritik, Nerven

mit MC:
Astrologische Entsprechung:
Maximaler Erfolg, Anerkennung,
Aufstieg, Karriere, Wunscherfüllung,
Vorteile, Protektion, Durchsetzung

Bewertung im allgemeinen positiv

Deutung nach der Tradition:
Materieller Vorteil, Geld, Reise, Geschenk, wechselnde, neue Ansichten.
U Änderung,
U schlechte Neuigkeit,
U mögliche Einbuße,
U ungeklärte Umstände.

Wesensdeutung positiv:
Der Verstand arbeitet klar, die intellektuellen Fähigkeiten sind überzeugend, es gibt gute geschäftliche und praktische Anlagen, daher berufliche Erfolge, doch auch künstlerische Entwicklungsmöglichkeiten.

Wesensdeutung negativ:
Die geistigen Fähigkeiten werden nicht richtig eingesetzt, zu nervös, um geschäftliche Erfolge zu haben.

Die Prognose

Prognose positiv:
Vorteile im Beruf oder durch Wechsel des Ziels, eine Verbindung bringt Nutzen, Kontaktstreben aus sachlichen Gründen.

Prognose negativ:
Irrtum, Fehlleistung im Beruf, Zersplitterung des Denkens, falsche Einschätzung der eigenen Rolle, Verzögerung auf einer Reise oder bei einer Unternehmung, die den Job betrifft.

Lfd. Nr. der Karte: 6

Karo 9

Merkur:
Astrologische Entsprechung:
Bewegung, Vermittlung, Vernunft, Rede und Schrift, Geschäfte, Reise, sachliche Interessen, Kritik, Nerven

mit Venus:
Astrologische Entsprechung:
Harmonie, Ausgleich, Hingabe, Liebe, Kunst, Vergnügen, Sinnenfreude, Erotik, Spiel

Bewertung positiv oder negativ je nach Umfeld

Deutung nach der Tradition:
Chance, Überraschung, Reise, Einladung, Vorladung.
U Dieb,
U Verrat,
U Gefahr,
U Verzögerung.

Wesensdeutung positiv:
Gewandt im Ausdruck, literarisch wie diplomatisch begabt, genießt die Gesellschaft, Sinn für alles Schöne.

Wesensdeutung negativ:
Nützlichkeitsdenken überwiegt die Herzenswünsche, Zusammen-

hänge werden nicht gesehen, es wird zuviel Wert auf Geselligkeit gelegt.

Die Prognose

Prognose positiv:
Gefühlsbetonte Gedanken oder Gespräche, Beschäftigung mit erotischen, künstlerischen Dingen, verfeinertes Empfinden, Flirt, Besuch, Erholung, Hobbytime.

Prognose negativ:
Finanzieller Nachteil, kleiner Ärger auf Reisen oder durch Besucher, Verdruß wegen eines Liebesbriefs. Mißverständnis in der Zweierbeziehung.

Lfd. Nr. der Karte: 7

Karo 8

Merkur:
Astrologische Entsprechung: Bewegung, Vermittlung, Vernunft, Rede und Schrift, Geschäfte, Reise, sachliche Interessen, Kritik, Nerven

mit Pluto:
Astrologische Entsprechung: Höhere Gewalt, Zerstörung, radikale Umgestaltung, völlige Vernichtung, »Macht und Masse«

Bewertung im allgemeinen positiv

Deutung nach der Tradition:
Gespräch, Neuigkeit, Veränderung, feste Einnahme, kleines Geschenk; Offenheit, Toleranz.
U Verzicht auf Ansprüche,
U überkritisch sein,
U Projekt scheitert.

Wesensdeutung positiv:
Durchdringender Verstand, den Dingen auf den Grund kommen wollen, Interessen sehr intensiv verfolgen.

Wesensdeutung negativ:
Kein Blatt vor den Mund nehmen, streiten, falsch eingesetzter Intellekt, im Umgang mit anderen zu rigoros sein.

Die Prognose

Prognose positiv:
Geschäftsinteressen oder Studienergebnisse werden nachdrücklich vertreten, Durchsetzung im Arbeitsteam.

Prognose negativ:
Nervosität, Überschätzung der eigenen Kräfte, andere aus Unkenntnis überfordern, schicksalhafte Begegnung.

Lfd. Nr. der Karte: 8

Karo 7

Merkur:
Astrologische Entsprechung:
Bewegung, Vermittlung, Vernunft,
Rede und Schrift, Geschäfte, Reise,
sachliche Interessen, Kritik, Nerven

mit Uranus: Astrologische
Entsprechung: Zufall, das Plötzliche,
Überraschung, Umschwung,
Erfindung, Neuigkeit, Wandel, Blitz,
Krampf, Katastrophe

Bewertung positiv oder negativ je
nach Umfeld

Deutung nach der Tradition:
Kind, Einladung, Reise, Wechsel, Wachstum, Geld, gute Fähigkeiten.
U Sorge;
U häusliches, finanzielles Problem.

Wesensdeutung positiv:
Aktives, schöpferisches Denken, reich an Intuition, praktische Veranlagung, Unabhängigkeitsdrang, ungewöhnliche Ausdruckskraft in Rede und Schrift. Sehr progressive Gedanken, moderne Einstellung, Drang zu plötzlicher Veränderung.

Wesensdeutung negativ:
Plötzlich treten Hindernisse auf, Gedanken lassen sich selten schnell verwirklichen, denn Unruhe, Schüchternheit, Lampenfieber, Unverstandensein oder Eigensinn stören. Nervosität ist typisch. Geistige Ziele sind zu hoch gegriffen.

Die Prognose

Prognose positiv:
Gedankenblitz, eine originelle Idee verfolgen. Ungewöhnliches reizt, Erfindung, Abwechslung, Aussteigen wollen, plötzlicher Entschluß zu einer Reise oder zu technischer Veränderung, ungewöhnliche Geschäfte.

Prognose negativ:
Reizbarkeit, Laune, starke innere Erregung, Nervosität, technische Panne. Unkonzentriertes Verhalten beeinträchtigt geschäftliche oder wissenschaftliche Tätigkeit. Man bleibe besser auf bekannten Wegen.

Lfd. Nr. der Karte: 9

Karo 6

Merkur:
Astrologische Entsprechung:
Bewegung, Vermittlung, Vernunft,
Rede und Schrift, Geschäfte, Reise,
sachliche Interessen, Kritik, Nerven

Jupiter:
Astrologische Entsprechung:
Expansion, Entfaltung, Recht,
Gerechtigkeit, Fülle, Hoffnung,
Finanzen, das Optimum, Ordnung,
Autorität, Glück

Bewertung im allgemeinen positiv

Deutung nach der Tradition:
Sicherer Weg zum Ziel, Gelegenheit in der Maske des Alltäglichen.
U̱ Selbstsucht,
U̱ Eigennutz,
U̱ Neid

Wesensdeutung positiv:
Zweck und Sinn gehen eine harmonische Verbindung ein. Der »Sinn des Daseins« soll möglichst den praktischen Einzelaufgaben angepaßt werden. Ihre Vorzüge liegen weniger in einer tiefen als vielmehr in einer ausgeglichenen Geistesverfassung. Ihre loyale Einstellung in Verbindung mit Fleiß trägt Sie über den Durchschnitt

hinaus; ausgesprochene Erfolgschancen. Über dem Guten und Sinnvollen wird selten das Nützliche außer acht gelassen. Der Bildungserwerb ist begünstigt, beruflich denkbar beste Voraussetzungen. Auch Reiselust. Erfolge stellen sich dank eines geistigen Optimismus ein bzw. durch »positives Denken«.

Wesensdeutung negativ:
Manche Ideen fallen zu hochgestochen aus. Sie lassen sich nicht realisieren. Pläne mögen dadurch nicht immer bis ins Detail durchgearbeitet sein. Das Bestreben, Großes zu erreichen, läßt Aktionen starten, die nicht durchgehalten werden. Allzugroße Eile erweist sich als schädlich. Wohl sind Sie großzügig in Ihrem Denken und in Ihren Auffassungen. Aber die Proportionen stimmen nicht immer. Deshalb müssen Sie bei der Unterzeichnung von Verträgen sehr auf der Hut sein. Auch sollten Sie es nicht zu Prozessen und rechtlichen Auseinandersetzungen kommen lassen.

Die Prognose

Prognose positiv:
Erfolge durch Organisation, Vermittlung, auf Reisen oder bei einer Prüfung, gesunder Menschenverstand, Optimismus.

Prognose negativ:
Leichtfertigkeit, Zerstreutheit, Unzuverlässigkeit und Oberflächlichkeit. Mangel an Konzentration, Nervosität.

Lfd. Nr. der Karte: 10

Karo 5

Merkur:
Astrologische Entsprechung:
Bewegung, Vermittlung, Vernunft,
Rede und Schrift, Geschäfte, Reise,
sachliche Interessen, Kritik, Nerven

mit Mars:
Astrologische Entsprechung:
Aufbauende und zerstörende Energie,
Trieb und Drang, Initiative, Wille,
Mut, Machtwille, Sex; Bosheit,
Aggression, Unfall, Verletzung, Fieber

Bewertung im allgemeinen negativ

Deutung nach der Tradition:
Auseinandersetzung, Streit, oft Differenzen im Geistigen, Alleinsein, materielle Notlage, drohender Ruin.

Wesensdeutung positiv:
Scharfer Verstand und viel geistige Energie. Sie fällen klare Entscheidungen, debattieren gern, sagen unverblümt ihre Meinung, sind vehement in ihrer Ausdrucksweise und kommen rasch zum Kern einer Sache.

Wesensdeutung negativ:
Allzu kritisch, allzu voreilig, streitsüchtig, nervös, frustriert, wenn die eigene Auffassung sich nicht durchsetzt.

Die Prognose

Prognose positiv:
Geistige Regsamkeit, Verwirklichung eines Plans, Unternehmungs-
lust, rasche Erledigung, erfolgreiche Verhandlung, gutes Geschäft.

Prognose negativ:
Voreiligkeit, Übertreibung, Nervosität, Unruhe, Reizbarkeit, Fehlschlag, Durchkreuzung eines Plans, Streit, Unfall, zu scharfe Kritik.

Lfd. Nr. der Karte: 11

Karo 4

Merkur:
Astrologische Entsprechung:
Bewegung, Vermittlung, Vernunft,
Rede und Schrift, Geschäfte, Reise,
sachliche Interessen, Kritik, Nerven

mit Saturn:
Astrologische Entsprechung:
Konzentration, Einengen, Einsicht,
Hemmung, Bindung, Sicherheit,
langsame Entwicklung, Vorsicht,
Sorge, Mißtrauen, Krankheit,
Einsamkeit, Alter, Unglück

Bewertung im allgemeinen positiv

Deutung nach der Tradition:
Berufliche oder finanzielle Entwicklung, Gutes durch harte Arbeit

Wesensdeutung positiv:
Sie üben geistige Disziplin, leisten fehlerfreie Kopfarbeit. Systematisches Arbeiten ist begünstigt. Die Aufmerksamkeit konzentriert sich auf gesicherte Erkenntnisse und Nutzen bringende Tatsachen. Manchmal werden Sie sich auch zurückhalten, etwa durch kluges Schweigen, z. B. wenn ein aufklärendes Wort gefährlich sein könnte. Dieser Aspekt läßt auch Familientradition fortführen, etwa durch erfolgssichernden Erwerbssinn oder aufgrund eines geistigen Fundaments.

Wesensdeutung negativ:
Schmalspurdenken, zu einseitig, den Wald vor lauter Bäumen nicht sehen. Sie neigen zu Irrtum und Vorurteil. Lassen Sie doch auch mal die Meinung anderer gelten. Pessimistische Einstellung oder Vorurteile bringen Sie nicht weiter.

Die Prognose

Prognose positiv:
Erfolge durch Konzentration, Fleiß, logisches Denken, Sachlichkeit, Ordnungsliebe, Methodik, Geduld, auf Reisen, bei Studien oder kaufmännisch.

Prognose negativ:
Nervliche Belastung, Hemmung bei geistiger oder beruflicher Tätigkeit, Entfremdung oder Trennung, schlechte Nachrichten; Krankheiten, besonders Kopf, Nerven, Gehör oder die Sprache betreffend.

Lfd. Nr. der Karte: 12

Karo 3

Merkur:
Astrologische Entsprechung:
Bewegung, Vermittlung, Vernunft,
Rede und Schrift, Geschäfte, Reise,
sachliche Interessen, Kritik, Nerven

mit Neptun:
Astrologische Entsprechung:
Inspiration, Humanität, Sehnsucht
nach der Ferne, weite Reisen,
Ausland, Schwäche, Täuschung,
Illusion, Intrige, Rausch

Bewertung im allgemeinen positiv

Deutung nach der Tradition:
Vertrag, Testament, Warnung vor finanzieller oder rechtlicher Verwicklung.

Wesensdeutung positiv:
Die Karte spricht für rege Phantasie, Gedankenreichtum, für ein gutes Gedächtnis und eine gefällige Ausdrucksweise, weil das Unbewußte die Vernunft ergänzt. Reiselust, Erfolge im Ausland.

Wesensdeutung negativ:
Das Unbewußte und die klare Vernunft stehen einander entgegen. Daher ist das Gedankenleben verwirrt, täuscht man sich, leidet das Gedächtnis, gibt es zu viele Zweifel, zuwenig Selbstvertrauen, ist

die Urteilskraft schwach. Weitgespannte Pläne lassen sich selten verwirklichen. Kein Glück auf weiten Reisen oder im Ausland.

Die Prognose

Prognose positiv:
Phantasie und Einbildungskraft, geistiges Schaffen, anregender Gedankenaustausch oder Bekanntschaft, Erfassen feinster und tiefster Zusammenhänge, weite Reise.

Prognose negativ:
Falsches Denken, Fehlurteil, verworrene Vorstellung, unkontrollierte Gefühle, Betrugsgefahr, Unaufrichtigkeit, Schaden durch Verträge, Schriften, Geschäfte.

Lfd. Nr. der Karte: 13

Karo 2

Merkur:
Astrologische Entsprechung:
Bewegung, Vermittlung, Vernunft,
Rede und Schrift, Geschäfte, Reise,
sachliche Interessen, Kritik, Nerven

mit Mondknoten:
Astrologische Entsprechung:
Anknüpfung, Verbindung,
Gemeinsamkeiten, Zusammenarbeit,
Zusammenleben,
zwischenmenschliche Beziehungen

Bewertung im allgemeinen positiv

Deutung nach der Tradition:
Eine überraschende finanzielle Mitteilung, Angenehmes ist in Sicht.

Wesensdeutung positiv:
Erfolge durch Zusammenarbeit mit anderen, sich auf andere geschickt einstellen können.

Wesensdeutung negativ:
Keine Erfolge in der Zusammenarbeit, weil es schwerfällt, die Meinung anderer zu akzeptieren. Ungeschicktes Verhalten.

Die Prognose

Prognose positiv:
Bekanntschaft, Diskussion und Gedankenaustausch schaffen Befriedigung und fördern die Gemeinschaftsbeziehungen.

Prognose negativ:
Schwierigkeiten bei Abmachungen oder Geschäften, Studien; Trennung von Mitarbeiter.

Lfd. Nr. der Karte: 14

Treff As

Jupiter: Astrologische Entsprechung: Expansion, Entfaltung, Recht, Gerechtigkeit, Fülle, Hoffnung, Finanzen, das Optimum, Ordnung, Autorität, Glück
mit Einschlag von Mars: Astrologische Entsprechung: Aufbauende und zerstörende Energie, Trieb und Drang, Initiative, Wille, Mut, Machtwille, Sex; Unfall, Verletzung, Fieber
mit Aszendent: Astrologische Entsprechung: Das Ich, die stärkste Ausdrucksform des Willens, Habitus, Charakter, Gesundheit

Bewertung positiv/negativ je nach Umfeld

Deutung nach der Tradition:
Ring, Geschenk, Amtliches, Erbe, Macht, Start eines Unternehmens.
U̲ Krankheit,
U̲ Ärger,
U̲ Abstieg,
U̲ Schreck,
U̲ Chaos

Wesensdeutung positiv:
Optimismus und Selbstvertrauen erlauben, andere für sich zu gewinnen und zu mobilisieren. Sie denken und handeln gerecht, reisen gern und haben einen weiten geistigen Horizont, dazu gute

– 80 –

Aussichten, gesund zu bleiben. Vorteile durch Verträge, in Geld-
oder Rechtsangelegenheiten.

Wesensdeutung negativ:
Sie sollten sich bei Ihren Aktivitäten nicht verzetteln, in den zwischenmenschlichen Kontakten nicht hochtrabend sein und genau
prüfen, inwieweit es sich lohnt, sich gesellschaftlich zu exponieren. Diätfehler. Sie lassen es sich zu gut gehen oder geben zuviel
aus. Mißerfolg in Vertrags- oder Prozeßangelegenheiten.

Die Prognose

Prognose positiv:
Diese Karte steigert die konstitutionelle Energie, fördert dadurch
auch das Erfolgsstreben und läßt begründet auf die Zukunft hoffen.
Häufig ergibt sich eine recht glückliche Lebensperiode. Besonders
betroffen sind fördernde Umstände im Milieu, oder es geht um die
Wohnung, vor allem aber um die Gesundheit; evtl. auch günstig
für die Ehe.

Prognose negativ:
Diese Karte gilt als Anzeichen von Eigenbrötelei, kann die Gesundheit belasten und ist für die Ehe oder intime Zweisamkeit kein
gutes Omen. Es mangelt an Initiative, weil man sich gehen läßt.
Überhaupt kommt das eigene Verhalten bei anderen, sowohl in
der Umwelt wie auch beim »Du«, nicht an.

Lfd. Nr. der Karte: 15

Treff König

Jupiter: Astrologische Entsprechung: Expansion, Entfaltung, Recht, Gerechtigkeit, Fülle, Hoffnung, Finanzen, das Optimum, Ordnung, Autorität, Glück

mit Einschlag von Mars: Astrologische Entsprechung: Aufbauende und zerstörende Energie, Trieb und Drang, Initiative, Wille, Mut, Machtwille, Sex; Unfall, Verletzung, Fieber

mit Sonne: Lebenskraft, Individualität, Machtstreben, Ehrgeiz, Verantwortung, das männliche Prinzip, Vater, Gatte, Herz, Kreislauf

Bewertung im allgemeinen positiv

Deutung nach der Tradition:
Beamter, vornehmer, schwer durchschaubarer Mann, Witwer, Arzt.

Wesensdeutung positiv:
Die Karte spricht für Glück und Freude, für Erfolg und Anerkennung, Aufstieg im Leben, für gute sittliche Qualitäten und eine eher konservative Gesinnung. Gute geistige Führung, aber auch fördernde Umstände sorgen für Erfolge.

Wesensdeutung negativ:
Nachlässigkeit oder Leichtsinn, eine zu anspruchsvolle Einstellung, Neigung zum Widerspruch. Differenzen mit der Umgebung wie mit Vorgesetzten; eine Abneigung gegen jede Einschränkung

und Anpassung wie Auflehnung gegen Autorität und Gesetz erklären den Mangel an Protektion. Die eigene Launenhaftigkeit führt zu Konflikten.

Die Prognose

Prognose positiv:
Jupiter/Treff König ist Symbol für das Wohlgeratene, für das Optimum des Erreichbaren. Seine harmonische Position zeigt daher lebenserleichternde Verhältnisse an, sie fördert die Gesundheit und das Wohlbefinden, stärkt die Vitalität und bezeichnet ganz allgemein eine Zeit der Harmonie. Man ist zuversichtlich und zeigt sich von der besten Seite, erlebt daher auch meistens ein entsprechendes Echo. Erfolge sind auf vielen Gebieten möglich, ganz besonders aber in Zusammenhang mit einem Vertrag, einer Rechtssache, mit Kredit- oder Finanzangelegenheiten. Bei diesem Transit kann man eine Sache unter guten Voraussetzungen starten oder Begonnenes fortführen bzw. vollenden. Wichtige Entscheidungen fallen günstig aus. Wenn andere Aspekte nicht dagegen sprechen, wäre es auch ein geeigneter Operationstermin.

Prognose negativ:
Diese Karte ist zwar ein Symbol für die Fülle; in kritischer Lage aber bezeichnet sie entweder ein Zuviel des Guten, den allzu leicht errungenen Sieg, der ein schales Gefühl hinterläßt, auch unerwünschte Fülle wie Unwohlsein durch Diätfehler; oder es drückt diese Kartenposition einen Mangel an Glück aus: Ausgaben, Verlust besonders durch Leichtsinn oder weil man unbekümmert allzusehr aus dem vollen schöpft; auch Krankheit. Es ist jetzt nicht die Zeit zu einem Prozeß oder einer anderen Rechtssache, etwa zu einem wichtigen Vertragsabschluß, auch nicht, um einen größeren Kredit aufzunehmen oder einen ungewöhnlichen Kauf zu tätigen.

Lfd. Nr. der Karte: 16

Treff Dame

Jupiter: Astrologische Entsprechung: Expansion, Entfaltung, Recht, Gerechtigkeit, Fülle, Hoffnung, Finanzen, das Optimum, Ordnung, Autorität, Glück **mit Einschlag von Mars**: Astrologische Entsprechung: Aufbauende und zerstörende Energie, Trieb und Drang, Initiative, Wille, Mut, Machtwille, Sex; Unfall, Verletzung, Fieber **mit Mond**:Astrologische Entsprechung: Seele, Phantasie, Gemüt, Wechsel, Heimat, das weibliche Prinzip, Mutter, Gattin, Volk, Fruchtbarkeit, Magen

Bewertung positiv/negativ

Deutung nach der Tradition:
Übeltäterin, »dunkle«, ältere Dame mit Charme, doch launisch.

Wesensdeutung positiv:
Beliebtheit, Vorteile in Verbindungen mit Behörden oder staatlichen Einrichtungen bzw. durch Verträge und somit auch in der Ehe.

Wesensdeutung negativ:
Disharmonie, Unbeliebtheit und Neigung zu Streit, besonders auch zu einer auflehnenden Haltung gegen Autorität. Sich durch Einmischung und Launen unbeliebt machen.

Die Prognose

Prognose positiv:
Diese Karte kann viel Glück bringen, besonders ein zufriedenes Gemüt, oft auch einen günstigen Wechsel, bessere Lebensumstände, Begeisterung für etwas Schönes, auch Verliebtsein oder Zuneigung, also eine gute Zeit für Freundschaft, Herzens- oder Familienangelegenheiten, doch auch für die Gesundheit, vor allem soweit sie vom Seelischen her beeinflußt ist.

Prognose negativ:
Die schlechte Lage der Karte ist weniger günstig für Wechsel und Veränderungen. Auch eine Reise wird kaum befriedigen. Vor allem aber können Launen die Beziehung zu anderen trüben, was unter Umständen zu einer Trennung führen kann. Für die Gesundheit ist die Zeit kaum förderlich, da labiles Verhalten die seelische Verfassung ebenso negativ beeinflussen kann wie die Lebensgewohnheiten, besonders im Hinblick auf die Ernährung und den körperlichen Zustand. Die Aussichten sind schlecht, jetzt durch eine erfahrene oder ältere einflußreiche Dame Gutes oder Protektion zu erfahren.

Lfd. Nr. der Karte: 17

Treff Bube

Jupiter: Astrologische Entsprechung: Expansion, Entfaltung, Recht, Gerechtigkeit, Fülle, Hoffnung, Finanzen, das Optimum, Ordnung, Autorität, Glück
mit Einschlag von Mars: Astrologische Entsprechung: Aufbauende und zerstörende Energie, Trieb und Drang, Initiative, Wille, Mut, Machtwille, Sex; Unfall, Verletzung, Fieber
mit Merkur: Astrologische Entsprechung: Bewegung, Vermittlung, Vernunft, Rede und Schrift, Geschäfte, Reise, sachliche Interessen, Kritik, Nerven

Bewertung im allgemeinen positiv

Deutung nach der Tradition:
Ergebene Person, Freund, Glücksbote, gute Nachricht, Aussicht auf Erfolg.

Wesensdeutung positiv:
Weite Gedanken, geistige Anregungen, Lernerfolge, kaufmännischer Vorteil, Reise.

Wesensdeutung negativ:
Mißstimmung, Vorurteil, Verdruß auf einer Reise, durch ein Schriftstück oder durch einen Vertrag.

Die Prognose

Prognose positiv:
Klarheit im Denken, Vorteile in Geschäften, auf Reisen, durch Vermittlung, also Kommunikation im weitesten Sinne, aber auch Studien, Lernen und Lehren, werden durch eine positiven Karte angezeigt. Gefördert wird damit, was mehr sachlicher als »herzlicher« Natur ist. Eine gute Zeit, sich aktiv nicht nur um die Belange des Alltags zu kümmern.

Prognose negativ:
Unsicherheit in der Kommunikation, Unzufriedenheit in Kontakten, in Geschäften, keine guten Voraussetzungen für Reisen. Man ist zu oberflächlich, übersieht Wichtiges, ist weniger aufnahmebereit, nicht zuletzt weil die Nerven streiken. In dieser Zeit sollte man keinen Vertrag unterzeichnen und bei Käufen und Verkäufen auf der Hut sein. Manche »Chance« erweist sich als trügerisch. Gelerntes wird vergessen, Studien gehen in eine falsche Richtung.

Lfd. Nr. der Karte: 18

Treff 10

Jupiter: Astrologische Entsprechung: Expansion, Entfaltung, Recht, Gerechtigkeit, Fülle, Hoffnung, Finanzen, das Optimum, Ordnung, Autorität, Glück
mit Einschlag von Mars: Astrologische Entsprechung: Aufbauende und zerstörende Energie, Trieb und Drang, Initiative, Wille, Mut, Machtwille, Sex; Unfall, Verletzung, Fieber
mit MC: Astrologische Entsprechung: Maximaler Erfolg, Anerkennung, Aufstieg, Karriere, Wunscherfüllung, Vorteile, Protektion, Durchsetzung

Bewertung positiv/negativ je nach Umfeld

Deutung nach der Tradition:
Große Veränderung, Reise, neue Erfahrung.
U̲ Strafsache,
U̲ Prozeß,
U̲ Ärger.

Wesensdeutung positiv:
Vertrauen in die eigenen geistigen Fähigkeiten, Verlangen nach Information und Bildung, Reiselust, Auslandserfahrung, Vorteile durch Ausländer, Chancen im Beruf.

Wesensdeutung negativ:
Pläne sind nicht ausgereift, zu große Eile. Großzügig und voller

guter Absichten, aber Indiskretion und Mangel an gesundem Menschenverstand bringen Schaden. Ärger mit der Behörde, in Finanz- oder Rechtsangelegenheiten, Mangel an Protektion.

Die Prognose

Prognose positiv:
Es gelingt, was mit dem Beruf, mit gesellschaftlichen oder auch familiären Zielen zu tun hat. Das ganze Sozialverhalten wird günstig beeinflußt, doch wird auch die Triebverfassung intensiver. Tüchtigkeit wird belohnt, man fühlt sich anerkannt, respektiert oder kann eine neue Position erreichen. Ein Nebeneffekt können harmonische häusliche Verhältnisse sein.

Prognose negativ:
Die negative Lage weist auf einen übersteigerten Geltungsdrang, auf das Mißlingen beruflicher oder gesellschaftlicher Aktivitäten. Es kann aber auch Spannungen im eigenen Heim oder zum Elternhaus anzeigen. Dies evtl. auch in dem Sinne, daß man sich einer bestimmten Tradition nicht beugen mag. Unregelmäßigkeiten in der Lebensführung können eintreten, besonders Nachteile im Beruf oder in der gesellschaftlichen Stellung. Es ist keine gute Zeit, um Protektion zu erlangen.

Lfd. Nr. der Karte: 19

Treff 9

Jupiter: Astrologische Entsprechung: Expansion, Entfaltung, Recht, Gerechtigkeit, Fülle, Hoffnung, Finanzen, das Optimum, Ordnung, Autorität, Glück
mit Einschlag von Mars: Astrologische Entsprechung: Aufbauende und zerstörende Energie, Trieb und Drang, Initiative, Wille, Mut, Machtwille, Sex; Unfall, Verletzung, Fieber
mit Venus: Astrologische Entsprechung: Harmonie, Ausgleich, Hingabe, Liebe, Kunst, Vergnügen, Sinnenfreude, Erotik, Spiel

Bewertung im allgemeinen positiv

Deutung nach der Tradition:
Zufall, kurzer Weg, zu große Hoffnung, Streit.
U Verlust,
U Verzögerung,
U unruhige Zeiten.

Wesensdeutung positiv:
Großzügige, optimistische, fröhliche Einstellung, auch gegenüber anderen, Freude an Geselligkeit und Genüssen, Glück in der Liebe. Sie können andere glücklich machen, zeigen auch viel Mitgefühl.

Wesensdeutung negativ:
Genußsucht, Prachtliebe, zu große Ausgaben, rechtliche Schwierigkeiten, Ärger im Zusammenleben, Gefühlsheuchelei, Verschwendung.

Die Prognose

Prognose positiv:
Die harmonische Lage der Karte verspricht ein leichteres Leben, Freude und Harmonie; sie verkündet gesellschaftlichen Erfolg oder Spaß am Hobby, ist aber auch eine ideale Voraussetzung für die Partnerschaft wie für die Regelung materieller Dinge, die ein angenehmes Gefühl erzeugen. Gesundheitlich wird die Vitalität gesteigert.

Prognose negativ:
»Kleines Glück« ist eher fraglich. Zu leicht werden daraus Überdruß und Unmut, gibt es Liebeskummer oder unangenehme Ausgaben, nicht zuletzt, weil für Genüsse zuviel aufgewendet wird. Gesellschaftlich kann ein Mißerfolg drohen oder eine Freundschaft gestört werden. Doch bei Selbstdisziplin kann der Trend zu schönen Erlebnissen den Weg weisen.

Lfd. Nr. der Karte: 20

Treff 8

Jupiter: Astrologische Entsprechung: Expansion, Entfaltung, Recht, Gerechtigkeit, Fülle, Hoffnung, Finanzen, das Optimum, Ordnung, Autorität, Glück
mit Einschlag von Mars: Astrologische Entsprechung: Aufbauende und zerstörende Energie, Trieb und Drang, Initiative, Wille, Mut, Machtwille, Sex; Unfall, Verletzung, Fieber
mit Pluto: Astrologische Entsprechung: Höhere Gewalt, Zerstörung, radikale Umgestaltung, völlige Vernichtung, Macht und Masse

Bewertung positiv/negativ je nach Umfeld

Deutung nach der Tradition:
Kurze Zeit (8 Wochen): **Ausflug, Tränen, Krankheit,** Eifersucht, Leid, Sorge, Verspätung.

Wesensdeutung positiv:
Risiken und Gefahren können durchaus Chancen bewirken. Spirituelle Kräfte haben günstigen Einfluß.

Wesensdeutung negativ:
Geistiger Hochmut und Eigensinn, sich in große Gefahr begeben, Verluste erleiden, Pech haben, starke Belastung statt des erwarteten Glücks.

Die Prognose

Prognose positiv:
Die Karte verspricht eine Profilierung des Wesens, begünstigt die Durchsetzung der Interessen und läßt Macht über sich und andere gewinnen. Es kann sich um finanzielle Vorteile handeln, um eine aussichtsreiche Rechtsangelegenheit oder um die berufliche Karriere. Auch ein positiver gesundheitlicher Effekt ist möglich.

Prognose negativ:
Oft zeigt diese Lage der Karte erschwerte Lebensbedingungen an. Es können Charakterfehler schärfer hervortreten. Man wird fanatischer, geht Risiken ein oder mutet sich gesundheitlich zuviel zu. Der Grad der Auswirkung ist individuell verschieden. Manche Menschen merken von diesem Transit wenig, bei anderen treten größere geschäftliche oder andere Verluste ein.

Lfd. Nr. der Karte: 21

Treff 7

Jupiter: Astrologische Entsprechung: Expansion, Entfaltung, Recht, Gerechtigkeit, Fülle, Hoffnung, Finanzen, das Optimum, Ordnung, Autorität, Glück **mit Einschlag von Mars**: Astrologische Entsprechung: Aufbauende und zerstörende Energie, Trieb und Drang, Initiative, Wille, Mut, Machtwille, Sex; Unfall, Verletzung, Fieber **mit Uranus**: Astrologische Entsprechung: Zufall, das Plötzliche, Überraschung, Umschwung, Erfindung, Neuigkeit, Wandel, Blitz, Krampf, Katastrophe

Bewertung im allgemeinen positiv

Deutung nach der Tradition:
Die Karte zeigt günstige oder ungünstige Ereignisse in nächster Zeit an. **Träume, Illusion, Unsicherheit, Verzögerung,** Warnung, Hindernis, Trennung, Betroffensein.

Wesensdeutung positiv:
Überraschung, Zufall, ungeahnte Wendung zum Besseren.

Wesensdeutung negativ:
Zu starke Freiheitsliebe. Auf eigenen Grundsätzen wird mehr aus Opposition denn aus Überzeugung beharrt. Es kann Differenzen mit Vorgesetzten oder in der Ehe geben. Günstige Gelegenheiten werden im letzten Augenblick verpaßt, zu große Selbständigkeit

und Offenherzigkeit schaden. Man halte sich ans Bewährte, da ein Risiko nur Verlust brächte.

Die Prognose

Prognose positiv:
Eine Neuigkeit oder Überraschung tritt ein, ein Glücksfall, auch eine unvermutete Wendung zum Besseren. Diese Karte bringt gelegentlich einen besonderen Impuls, so daß man sich zum Handeln ermuntert fühlt. Günstig sind die Voraussetzungen für Technisches, besonders für Computer-Aktivitäten oder vergleichbare Entwicklungen oder was damit. Es wächst der Wille zur Leistung. Häufig zielen neue Schaffenspläne auf originelle Lösungen ab. Man ist an irgendwelchen Reformen interessiert. Grundsätzlich werden eingefahrene Geleise verlassen, wird Neuland bevorzugt. Auch können die unteren Schichten unseres Bewußtseins Fingerzeige geben, daß man intuitiv das Richtige tut. Beruflich bedeutet dieser Aspekt oft plötzliche Anerkennung, Beförderung oder Aufstieg. Gesundheitlich profitiert man von neuartigen oder alternativen Heilmethoden. Oder es erfolgt plötzlich eine Wende.

Prognose negativ:
Es kann ein mißliebiger Zufall eintreten, ein plötzlicher Verlust erfolgen, es kann eine Wende zum Schlechteren geben; es ist der berüchtigte »Strich durch die Rechnung«... Das Verlangen nach Unabhängigkeit wird durch Oppositionslust übertrieben, die bisherige Lebensform wird als unerträglich empfunden. Streit kann aufkommen oder eine Zerreißprobe geschehen, wodurch die materielle Sicherheit oder auch eine Verbindung in Frage gestellt wird. Große Vorsicht ist gegenüber allen »Chancen« angebracht. Was auf den ersten Blick nutzbringend erscheint, kann zu einem Verlust führen. Es ist jetzt nicht die Zeit für dauerhafte Lösungen.

Lfd. Nr. der Karte: 22

Treff 6

Jupiter im Zeichen Schütze:
Astrologische Entsprechung: Expansion, Entfaltung, Recht, Gerechtigkeit, Fülle, Hoffnung, Finanzen, das Optimum, Ordnung, Autorität, Glück

mit Einschlag von Mars:
Astrologische Entsprechung: Aufbauende und zerstörende Energie, Trieb und Drang, Initiative, Wille, Mut, Machtwille, Sex; Unfall, Verletzung, Fieber

Bewertung vorwiegend positiv

Deutung nach der Tradition:
Neue gesellschaftliche Kontakte, Vergnügen, Tanz, finanzieller Vorteil, Vormarsch, Erwartung als Frucht einer Anstrengung.

Wesensdeutung positiv:
Freude, Gesundheit, aus dem vollen schöpfen, Idealismus, religiöse Einstellung, gerecht und großzügig handeln. Wanderlust, Naturliebe.

Wesensdeutung negativ:
Besserwisserei, Rechthaberei, zuviel ausgeben, Angabe, Schaden durch Völlerei.

Die Prognose

Prognose positiv:
Gutes Gelingen, fördernde Umstände geben Sicherheit.

Prognose negativ:
Mühe steht vor dem Erfolg. Es sind Ausgaben zu bewältigen, und
ein Mangel an Unterstützung muß verkraftet werden.

Lfd. Nr. der Karte: 23

Treff 5

Jupiter:
Astrologische Entsprechung:
Expansion, Entfaltung, Recht, Gerechtigkeit, Fülle, Hoffnung, Finanzen, das Optimum, Ordnung, Autorität, Glück

mit Einschlag von Mars:
Astrologische Entsprechung:
Aufbauende und zerstörende Energie, Trieb und Drang, Initiative, Wille, Mut, Machtwille, Sex; Unfall, Verletzung, Fieber

Bewertung positiv/negativ nach Umfeld

Deutung nach der Tradition:
Streit, Konkurrenz, Hader, Eifersucht. Prahle nicht mit Erfolgen!

Wesensdeutung positiv:
Die Fähigkeit, praktische Aufgaben mit Energie und Begeisterung anzupacken, also konstruktiv zu handeln. Die Dynamik ist vereinfachend, was die aufbauende Kraft verstärkt. Mögen auch die Leistungen nicht immer gleich anerkannt werden, so sind sie doch da. Ehrgeiz konzentriert sich nicht zuletzt auch auf die Selbstverwirklichung, mag diese auch mit Umgruppierungen, Trennung etc. verbunden sein. Man will den Sieg.

Wesensdeutung negativ:
Negativer Einfluß auf Trieb und Drang, auf die Leistungsenergie.
Dem Jupiter entspricht der expansive Drang nach Verwirklichung,
dem Mars mehr der Schwung, die Wucht des Einsatzes. So muß man
annehmen, daß eine ungewöhnliche Spannung vorliegt, die gefährdet, übertreibt. Diese Karte ist Ausdruck von Aggression und erhöhter Reizbarkeit. Die Konsequenz sind streitbare Auseinandersetzungen, wenig günstig für juristische Prozesse. Doch es kann auch zu
unprovozierten Zusammenstößen kommen. Die Lösung liegt im Erkennen notwendiger Kompensation und dementsprechend in der
Lenkung der Energie. So will auch Duldsamkeit gegenüber Rivalen
gelernt sein. Möglich, daß die Ansprüche größer sind als das Können.

Die Prognose

Prognose positiv:
Diese Karte spricht für einen Energieschub, für dynamisches Verhalten und für viel Durchsetzungskraft. Es ist daher eine Zeit der
Aktivität. Mit Initiative kann dieses oder jenes gestartet, weiterge-
führt oder vollendet werden; besonders günstig, wenn es sich um
eine juristische oder finanzielle Angelegenheit handelt, oder auch
eine Partnerschaft. So läßt sich z. B. eine intime Beziehung vertiefen. Der Erfolg in den verschiedenen Unternehmungen wird zügig
gelingen. Das gilt auch für Berufliches.

Prognose negativ:
In negativer Position warnt die Karte vor Übereilung und Unvor-
sichtigkeit, sie gibt aber auch einen Hinweis auf Konfliktgefahr.
Man sieht sich unter dem Einfluß dieser Konstellation zu einer
allzu spontanen Reaktion veranlaßt oder schadet sich durch rigo-
rosen Leichtsinn. Es kann zu Streit oder Differenzen kommen,
auch zum Abbruch einer Beziehung oder zu einer Trennung.

Lfd. Nr. der Karte: 24

Treff 4

Jupiter: Astrologische Entsprechung: Expansion, Entfaltung, Recht, Gerechtigkeit, Fülle, Hoffnung, Finanzen, das Optimum, Ordnung, Autorität, Glück
mit Einschlag von Mars: Astrologische Entsprechung: Aufbauende und zerstörende Energie, Trieb und Drang, Initiative, Wille, Mut, Machtwille, Sex; Unfall, Verletzung, Fieber
mit Saturn: Astrologische Entsprechung: Konzentration, Einengen, Einsicht, Hemmung, Bindung, Sicherheit, langsame Entwicklung, Vorsicht, Sorge, Mißtrauen, Krankheit, Einsamkeit, Alter, Unglück

Bewertung im allgemeinen positiv

Deutung nach der Tradition:
Einsam durch Komplexe, scheu; Bescheidenheit trotz erwiesener Sympathie.

Wesensdeutung positiv:
Die Karte bezeugt im allgemeinen ein hartnäckiges und zielbewußtes Aufsteigen zum Gipfel des real Erreichbaren. Überlieferte Gesichtspunkte werden konfliktlos übernommen, das Vorwärtsschreiten geschieht ohne Hast, gewissenhaft wird ausgefeilt und vollendet. Die Karte kennzeichnet eine verantwortungsbewußte Persönlichkeit, ist Ausdruck der Redlichkeit. Außerdem liegt Weitblick vor, und es können großangelegte Aufgaben mit Verpflichtungen gut koordiniert werden.

Wesensdeutung negativ:
Probleme im Beruf, im Haushalt, in Freundschaften. Man muß bestimmte Verpflichtungen tragen oder Aufgaben übernehmen, denen man nicht gewachsen ist. Infolge schlechter Planung können finanzielle oder rechtliche Schwierigkeiten auftreten. Beruflicher oder gesellschaftlicher Aufstieg muß Hindernisse überwinden. Das Leben kann voller Entbehrungen sein. Es mangelt oft an Zuversicht.

Die Prognose

Prognose positiv:
Konzentration, Einsicht und Vorteile auf längere Sicht. Dem entspricht, daß damit selten bestimmte Ereignisse verbunden sind, doch gibt es eine gute Voraussetzung, z. B. um Angelegenheiten von Dauer zu planen, durchzuführen oder zu vollenden. Oft hat die Karte Bezug zu einer Wohnungs- oder Besitzangelegenheit, zu Grund und Boden. Man kann investieren, eine anstehende Sache zur Perfektion bringen. Oder es gibt eine positive Einflußnahme seitens der Behörde oder sozial Höherstehender.

Prognose negativ:
Eine Zeit der Schwäche, der Sorgen, auch eine Krankheit oder ein materieller Verlust. Neid kann aufkommen, eine Verführung zu unrechtem Tun geschehen, oder man empfindet seelischen Druck und neigt zu einer pessimistischen Einstellung. Partnerschaftlich dürfte in dieser Zeit manches nicht wie gewünscht laufen, vor allem, weil man verunsichert ist, Zweifel hat oder auch zu selbstherrlich argumentiert. Materiell wurde häufig Kreditverlust beobachtet, oder es gab eine Kündigung oder Einschränkungen in der Verfügung über den Besitz. Es ist für Verträge keine gute Zeit. Sehr ungünstig wäre es, gerade jetzt einen Prozeß führen zu wollen oder beruflich Wichtiges abzuwickeln.

Lfd. Nr. der Karte: 25

Treff 3

Jupiter: Astrologische Entsprechung: Expansion, Entfaltung, Recht, Gerechtigkeit, Fülle, Hoffnung, Finanzen, das Optimum, Ordnung, Autorität, Glück
mit Einschlag von Mars: Astrologische Entsprechung: Aufbauende und zerstörende Energie, Trieb und Drang, Initiative, Wille, Mut, Machtwille, Sex; Unfall, Verletzung, Fieber
mit Neptun: Astrologische Entsprechung: Inspiration, Humanität, Sehnsucht nach der Ferne, weite Reise, Ausland, Schwäche, Täuschung, Illusion, Intrige, Rausch

Bewertung vorwiegend negativ

Deutung nach der Tradition:
Ärger durch Klatsch; Kränkung, warnt vor Mißgeschick, mahnt zur Vorsicht.

Wesensdeutung positiv:
Eine glückliche Selbstgestaltung des Lebens und des Schicksals, Freude an Formgebung, Kunst, Interesse an metaphysischen und religiösen Problemen, idealistische Neigungen, viel Menschenliebe.

Wesensdeutung negativ:
Unangebrachte Großzügigkeit, Ausnutzung durch andere. Zwiespalt zwischen Ideal und Wirklichkeit. Es müssen viele Erfahrungen gesammelt werden, bevor das Leben gemeistert wird. Reli-

giöse Fragen spielen eine Rolle. Es kann eine Neigung zu Schwärmerei, zu Unverstandensein vorliegen oder Schwierigkeiten in Familie und Gesellschaft geben. Schaden durch Spekulation.

Die Prognose

Prognose positiv:
Nur wer eine Antenne für feingeistige Anregungen besitzt, also sehr sensibel ist, zieht Nutzen aus dieser Karte. Sie bedeutet insgesamt innere Ausgeglichenheit und Seelenfrieden; auch gesteigerte künstlerische Empfindungen sind vorhanden, die Phantasie ist angeregt. Kleine persönliche Denkanstöße wie künstlerische Erlebnisse können die Sehnsucht nach Veränderungen wachrufen. Es ist eine Chance zu Reisen oder Auslandsaufenthalten. Großzügigkeit und Toleranz stärken. Auch die beste Voraussetzung für eine »Wunder«-Heilung. Sex wird zu Erotik stilisiert, Liebe richtet sich nicht nur auf einen Partner, sondern zeigt sich als Humanität, Mitleid, Idealismus.

Prognose negativ:
Die negative Lage der Karte bedeutet Irrtum, Unsicherheit, Enttäuschung. Man kehrt sich von der Realität ab, hegt Illusionen oder bringt eine gewisse Bereitschaft zur Enttäuschung mit, ist auch anfällig für Rausch, Drogen, Ansteckung. Es ist eine Zeit der Schwäche, in der man Verlockungen nachgibt und sich zu wenig energisch zeigt. Unaufrichtigkeit oder Lügen müssen keiner schlechten Absicht entspringen, können auch erfolgen, um z. B. den Partner zu schonen. Aber Denkfehler werden dazu führen, daß die Wahrheit ans Licht kommt. Es ist nicht die Zeit für Geschäfte, für Studien oder um eine Rechtslage günstig zu beeinflussen. Eher hat man Pech oder wird in einen Skandal verwickelt. Beruflich ist das Fortkommen durch Intrigen bedroht. Gefahr durch Gifte.

Lfd. Nr. der Karte: 26

Treff 2

Jupiter: Astrologische Entsprechung: Expansion, Entfaltung, Recht, Gerechtigkeit, Fülle, Hoffnung, Finanzen, das Optimum, Ordnung, Autorität, Glück
mit Einschlag von Mars: Astrologische Entsprechung: Aufbauende und zerstörende Energie, Trieb und Drang, Initiative, Wille, Mut, Machtwille, Sex; Unfall, Verletzung, Fieber
mit Mondknoten:
Astrologische Entsprechung: Anknüpfung, Verbindung, Gemeinsamkeiten, Zusammenarbeit, Zusammenleben, zwischenmenschliche Beziehungen

Bewertung im allgemeinen positiv

Deutung nach der Tradition:
Einladung, deren Zweck erst später klar wird.

Wesensdeutung positiv:
Erfolgreich sein im Zusammenwirken mit anderen, Nutzen durch Verträge.

Wesensdeutung negativ:
Schlecht für gemeinschaftliche Aktivitäten, sich nicht in eine Gemeinschaft einordnen können.

Die Prognose

Prognose positiv:
Positive Auswirkung auf das Gemeinschaftsleben. Begünstigt sind Partnerkontakte aller Art, Umgang mit Kollegen, Teamarbeit, Verbindungsstreben, die Bereitschaft, sich einzuordnen.

Prognose negativ:
Tendenz zur Isolation. Man versteht sich weniger mit anderen, ordnet sich nicht ein, hat kein Verlangen, sich anzupassen, zur Teamarbeit oder hält nicht viel von Freundschaft oder einem intimen Kontakt.

Lfd. Nr. der Karte: 27

Herz As

Mond: Astrologische Entsprechung: Seele, Phantasie, Gemüt, Wechsel, Heimat, das weibliche Prinzip, Mutter, Gattin, Volk, Fruchtbarkeit, Magen
zusammen mit Venus: Astrologische Entsprechung: Harmonie, Ausgleich, Hingabe, Liebe, Kunst, Vergnügen, Sinnenfreude, Erotik, Spiel
mit Aszendent: Astrologische Entsprechung: Das Ich, die stärkste Ausdrucksform des Willens; Habitus, Charakter, Gesundheit

Bewertung vorwiegend positiv

Deutung nach der Tradition:
Glück, Liebe, Haus, Ereignis, Freude, Gelingen, Ehe, romantische Bindung, Gesellschaft, Einladung.
U Veränderung zu erwarten,
U Umzug,
U Wechsel.

Wesensdeutung positiv:
Ein harmonisches, liebevolles Wesen, das sich die Zuneigung vieler Menschen erwirbt, ein gutes Urteil über den realen Wert der Dinge hat, über künstlerische Neigungen verfügt und die Bereitschaft zeigt, eine harmonische Ehe zu führen. Lebhafte Phantasie, eine sehr gefühlsbetonte Einstellung.

Wesensdeutung negativ:
Ein disharmonisches, launenhaftes Wesen, ungünstige Erfahrungen in Geld- und Liebesangelegenheiten, wobei oft den gefühlsmäßigen Regungen zu sehr nachgegeben wird – gegenüber den notwendigen Willensentscheidungen. Finanzielle oder soziale Schwierigkeiten. Unkluge amouröse Beziehungen, Sentimentalität, zu sorglos im Umgang mit Geld.

Die Prognose

Prognose positiv:
Bedürfnis nach harmonischer Umweltbeziehung, neues Hobby, Geselligkeit, neue Liebe oder Flirt.

Prognose negativ:
Störung im Sozialverhalten, Mangel an Anpassung, Laune, Stimmungsanfälligkeit.

Lfd. Nr. der Karte: 28

Herz König

Mond: Astrologische Entsprechung: Seele, Phantasie, Gemüt, Wechsel, Heimat, das weibliche Prinzip, Mutter, Gattin, Volk, Fruchtbarkeit, Magen
zusammen mit Venus: Astrologische Entsprechung: Harmonie, Ausgleich, Hingabe, Liebe, Kunst, Vergnügen, Sinnenfreude, Erotik, Spiel
mit Sonne: Lebenskraft, Individualität, Machtstreben, Ehrgeiz, Verantwortung, das männliche Prinzip, Vater, Gatte, Herz, Kreislauf

Bewertung überwiegend positiv

Deutung nach der Tradition:
Der Fragesteller, verheirateter Mann, solider Mensch, Vater, Protektor, Ratgeber, jemand, der Rat weiß.

Wesensdeutung positiv:
Die Grundzüge des Charakters sind harmonisch. Es besteht ein inneres Gleichgewicht, weil Geist und Gefühl aufeinander abgestimmt sind. Das Verhältnis zur Umwelt ist gut, die Voraussetzung für die Ehe günstig, Anzeichen für Aufstieg im Leben und Anerkennung. Liebe zu Kunst und Vergnügen, Geselligkeit sowie eine starke Anziehungskraft auf das andere Geschlecht.

Wesensdeutung negativ:
Zwiespalt, seelische Konflikte, auch Charakterschwächen, starke Differenzen mit Vater, Mutter oder dem Ehepartner, zwischen Beruf und eigenen Interessen, mit Vorgesetzten; viele Streitigkeiten. Disharmonie zwischen äußerem Schein und innerem Wert oder Differenzen im Liebesleben.

Die Prognose

Prognose positiv:
Freundschaft, Liebe, Geselligkeit, Geschenk, Sympathieerwerb.

Prognose negativ:
Genuß, Verschwendung: die Gefühle sind nicht unter Kontrolle, zu viel Luxus, zu große Ausgaben.

Lfd. Nr. der Karte: 29

Herz Dame

Mond:
Astrologische Entsprechung: Seele, Phantasie, Gemüt, Wechsel, Heimat, das weibliche Prinzip, Mutter, Gattin, Volk, Fruchtbarkeit, Magen

mit Venus:
Astrologische Entsprechung: Harmonie, Ausgleich, Hingabe, Liebe, Kunst, Vergnügen, Sinnenfreude, Erotik, Spiel

Bewertung überwiegend positiv

Deutung nach der Tradition:
Die Fragestellerin, verheiratete Frau, Mutter, Ehefrau, Braut, Sanftmütige, Freude, die warmherzige Geliebte.
<u>U</u> fragwürdige Moral,
<u>U</u> Betrug,
<u>U</u> Falschheit.

Wesensdeutung positiv:
Ein harmonisches liebevolles Naturell, Sympathie anderer, Sinn für die Realität, künstlerische Neigungen und die Chance, eine harmonische Ehe zu führen. Einfühlung in das Wesen anderer. Freude an Geselligkeit und Vergnügen. Wichtige Entscheidungen werden mehr mit dem Herzen als mit dem Verstand getroffen.

Freude an schönen Dingen, Sinn für Harmonie und Ästhetik; Charme.

Wesensdeutung negativ:
Launenhaftes Wesen, ungünstige Erfahrungen in Geld- und Liebesangelegenheiten, wobei meistens zu sehr gefühlsmäßigen Regungen gegenüber notwendigen Vernunftsentscheidungen nachgegeben wird. Ausgaben für Luxus und Unnützes, Oberflächlichkeit und Leichtsinn.

Die Prognose

Prognose positiv:
Bedürfnis nach Liebe und Kontakten, nach Geselligkeit, Freude im Heim, Reisen, kleinem Wechsel oder Umstellung.

Prognose negativ:
Verstimmung, seelische Unsicherheit, Ärger wegen Geld, Spekulation, die mißlingt, Verdruß in der Partnerschaft.

Lfd. Nr. der Karte: 30

Herz Bube

Mond: Astrologische Entsprechung: Seele, Phantasie, Gemüt, Wechsel, Heimat, das weibliche Prinzip, Mutter, Gattin, Volk, Fruchtbarkeit, Magen

zusammen mit Venus: Astrologische Entsprechung: Harmonie, Ausgleich, Hingabe, Liebe, Kunst, Vergnügen, Sinnenfreude, Erotik, Spiel

mit Merkur: Astrologische Entsprechung: Bewegung, Vermittlung, Vernunft, Rede und Schrift, Geschäfte, Reise, sachliche Interessen, Kritik, Nerven

Bewertung überwiegend positiv

Deutung nach der Tradition:
Guter Freund, Wunscherfüllung, die Gedanken des Fragestellers, Hilfe, Vergnügen.
U zu leicht beeinflußbar sein,
U der Verführung erliegen.

Wesensdeutung positiv:
Gute Auffassung, rasches Denken, Beweglichkeit, ein gutes Vergleichsvermögen, auch eine vernünftige Lebensweise und Erfolge auf geistigem wie praktischem Gebiet. Ausgewogene Entscheidungen, was Herz und Verstand angeht. Reiselust, Kommunikationsbedürfnis, Auslandserfahrungen, viel kreative Phantasie, die auch beruflich ausgewertet werden kann.

Wesensdeutung negativ:
Unbewußte Motivationen beeinflussen das bewußte Denken und Handeln. Es mangelt an Objektivität, das Denken ist zu sehr in der Vergangenheit befangen. Rührselige Sentimentalität beeinflußt die klaren Gedankengänge. Zu sorgloser Umgang mit Geld und Gut, Mangel an Pflichterfüllung.

Die Prognose

Prognose positiv:
Gedanken und Pläne sind gefühlsbetont, Flirt, Liebesbrief, ein positives Signal, Besuch, Erholung.

Prognose negativ:
Finanzieller Nachteil, Ärger auf einer Reise, auf einen Trick hereingefallen.

Lfd. Nr. der Karte: 31

Herz 10

Mond im Zeichen Krebs:
Astrologische Entsprechung: Seele, Phantasie, Gemüt, Wechsel, Heimat, das weibliche Prinzip, Mutter, Gattin, Volk, Fruchtbarkeit, Magen
zusammen mit Venus: Astrologische Entsprechung: Harmonie, Ausgleich, Hingabe, Liebe, Kunst, Vergnügen, Sinnenfreude, Erotik, Spiel
mit MC: Astrologische Entsprechung: Maximaler Erfolg, Anerkennung, Aufstieg, Karriere, Wunscherfüllung, Vorteile, Protektion, Durchsetzung

Bewertung überwiegend positiv

Deutung nach der Tradition:
Große Freude, Heirat, gewinnbringendes Ereignis, gute Nachricht, Ankunft, Wende, Vergnügen, schönes Familienleben.
U Familienstreit,
U Schwierigkeiten.

Wesensdeutung positiv:
Popularität. »Man wird gesehen«. Berufliche oder gesellschaftliche Vorteile durch Frauen. Die Karriere steht mit dem Familienleben in engem Zusammenhang. Günstig für künstlerische Tätigkeit oder Public Relations.

Wesensdeutung negativ:
Emotionale Gewohnheitsmuster dürften die Familie bisweilen verärgert haben; oder es gab bzw. gibt Spannungen, die man selbst
nicht einsehen kann, da sie aus dem Unbewußten kommen.
Schwierigkeiten beim beruflichen oder gesellschaftlichen Aufstieg,
mit Einladungen. Oder wenn es gilt, von anderen gerecht beurteilt
zu werden.

Die Prognose

Prognose positiv:
Heiterkeit, Besuch, kleine Freude oder Aufmerksamkeit, Flirt.

Prognose negativ:
Unsichere Gefühle, Verstimmung in der Partnerschaft.

Lfd. Nr. der Karte: 32

Herz 9

Venus im Zeichen Waage:
Astrologische Entsprechung: Harmonie, Ausgleich, Hingabe, Liebe, Kunst, Vergnügen, Sinnenfreude, Erotik, Spiel

mit Mond:
Astrologische Entsprechung: Seele, Phantasie, Gemüt, Wechsel, Heimat, das weibliche Prinzip, Mutter, Gattin, Volk, Fruchtbarkeit, Magen

Bewertung überwiegend positiv.

Deutung nach der Tradition:
Freudige Gewißheit, Verlobung, Glück von Dauer, mehr als erwartet, Liebe.
U̲ Habgier,
U̲ Neid.

Wesensdeutung positiv:
Schönheit und Zartheit des Gefühlsausdrucks, tiefes Mitgefühl, Verlangen nach Harmonie, guter Geschmack, Spaß am Kochen, am schönen Heim, an Kunst und Musik, schauspielerische Begabung.

Wesensdeutung negativ:
Zu vertrauensselig, ausgenutzt werden; starke erotische Bedürfnisse verführen zur Untreue. Verdruß und Ärger wegen unmoralischer Wünsche; Begehrlichkeit.

Die Prognose

Prognose positiv:
Glückliche Beziehung zu einer Dame oder weiblichen Verwandten.

Prognose negativ:
Ärger durch Damen, sich verspekulieren, Eifersucht, falsch verstandene Freiheit.

Lfd. Nr. der Karte: 33

Herz 8

Mond: Astrologische Entsprechung: Seele, Phantasie, Gemüt, Wechsel, Heimat, das weibliche Prinzip, Mutter, Gattin, Volk, Fruchtbarkeit, Magen
zusammen mit Venus: Astrologische Entsprechung: Harmonie, Ausgleich, Hingabe, Liebe, Kunst, Vergnügen, Sinnenfreude, Erotik, Spiel
mit Pluto: Astrologische Entsprechung: Höhere Gewalt, Zerstörung, radikale Umgestaltung, völlige Vernichtung, Macht und Masse

Bewertung im allgemeinen positiv

Deutung nach der Tradition:
Nächste Umgebung, Besserung, Wiedersehen, Glück und Erfolg, ein Zimmer.

Wesensdeutung positiv:
Tiefe Gefühle, Leidenschaften, eine schicksalhafte (Liebes-) Beziehung.

Wesensdeutung negativ:
Intensive, doch letzten Endes unerfüllte Liebe. Sich in Gefühle verstricken.

Die Prognose

Prognose positiv:
Intensive Partnerbeziehung, erotisches Abenteuer, Trieb siegt über Vernunft.

Prognose negativ:
Dominanz sexueller Wünsche schafft Probleme, schicksalhafte Liebe, Trennung.

Lfd. Nr. der Karte: 34

Herz 7

Mond: Astrologische Entsprechung: Seele, Phantasie, Gemüt, Wechsel, Heimat, das weibliche Prinzip, Mutter, Gattin, Volk, Fruchtbarkeit, Magen
zusammen mit Venus: Astrologische Entsprechung: Harmonie, Ausgleich, Hingabe, Liebe, Kunst, Vergnügen, Sinnenfreude, Erotik, Spiel
mit Uranus: Astrologische Entsprechung: Zufall, das Plötzliche, Überraschung, Umschwung, Erfindung, Neuigkeit, Wandel, Blitz, Krampf, Katastrophe

Bewertung überwiegend negativ

Deutung nach der Tradition:
Eigenes Heim, Familie, Erfreuliches, Liebesbeziehung.
U Illusion in der Liebe,
U Streit,
U Ärger,
U zu große Erwartung.

Wesensdeutung positiv:
Nach eigenem inneren Instinkt handeln, wobei starker Eigenwille, intensive Gefühle, Ehrgeiz und Zielstrebigkeit, auch praktische Fähigkeiten den Erfolg bringen. Freunde helfen. Plötzlich kann Zuneigung erworben werden, oder es gibt außergewöhnliche Ereignisse in der Liebe. Kennzeichen einer anziehenden Persönlichkeit,

eines guten Geschmacks. Plötzliche Freundschaften sind aber von kurzer Dauer.

Wesensdeutung negativ:
Eine eigenwillige Veranlagung, besonders auf dem Gebiet der Liebe oder in der Kunst. Emotionen übertönen die Vernunft. Die Veranlagung ist nervös und eine Neigung zu eigenartigem, wenn nicht gar exzentrischem Leben gegeben. Zeitweise kann auch ein rebellisches Wesen und übereiltes, eigenwilliges Handeln zu plötzlichen Fehlschlägen führen, besonders im Gefühlsbereich. Viel innere Unruhe.

Die Prognose

Prognose positiv:
Plötzliche Liebesneigung, sexuelle Erregbarkeit, affektartige Steigerung der Empfindungen und Gefühle, Neigung zu Abenteuer. Gesteigerte seelische Erregbarkeit, plötzliche Bekanntschaft oder Liebe, Drang zur Umstellung.

Prognose negativ:
Plötzliche seelische Aufregung, innere Unruhe, Nervosität, Verwirrung der Gefühle und Gedanken, plötzlicher Fehlschlag, Krise in Liebe oder Ehe, Launen, Nervosität durch verdrängte Wünsche, zu starkes Triebleben, Verirrung, Eigenwilligkeit in der Liebe, absonderliche Neigungen, sich von Gefühlen treiben lassen.

– 121 –

Lfd. Nr. der Karte: 35

Herz 6

Mond: Astrologische Entsprechung: Seele, Phantasie, Gemüt, Wechsel, Heimat, das weibliche Prinzip, Mutter, Gattin, Volk, Fruchtbarkeit, Magen
zusammen mit Venus: Astrologische Entsprechung: Harmonie, Ausgleich, Hingabe, Liebe, Kunst, Vergnügen, Sinnenfreude, Erotik, Spiel
mit Jupiter: Astrologische Entsprechung: Expansion, Entfaltung, Recht, Gerechtigkeit, Fülle, Hoffnung, Finanzen, das Optimum, Ordnung, Autorität, Glück

Bewertung überwiegend positiv

Deutung nach der Tradition:
Treppe nach oben, Gewinn, Fortschritte; doch mach es dir nicht zu einfach!

Wesensdeutung positiv:
Eine glückliche Veranlagung, allgemeine Beliebtheit, Vitalität, Vorteile in Verbindungen mit Behörden oder staatlichen Einrichtungen bzw. durch Verträge und somit auch in der Ehe.

Wesensdeutung negativ:
Disharmonie, Unbeliebtheit und Neigung zu Streit. Schaden durch Sorglosigkeit oder aus Pflichtverletzung. Selbstbeherrschung ist nötig, um nicht durch zu große und ungerechtfertigte Ansprüche Ärger zu bekommen.

Die Prognose

Prognose positiv:
Harmonisches Verhältnis zu anderen, Liebe, Herzlichkeit, Beliebtheit, künstlerische Erfolge, Einkauf von Gegenständen, die Freude machen.

Prognose negativ:
Bequemlichkeit, Nachlässigkeit, unkontrollierte Gefühle, Neigung zu Verschwendung und finanziellen Schwierigkeiten. Konflikte durch übertriebenen Genuß, Untreue.

Lfd. Nr. der Karte: 36

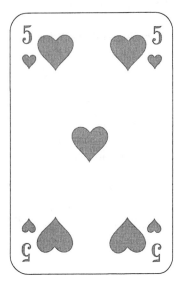

Herz 5

Mond: Astrologische Entsprechung: Seele, Phantasie, Gemüt, Wechsel, Heimat, das weibliche Prinzip, Mutter, Gattin, Volk, Fruchtbarkeit, Magen
zusammen mit Venus: Astrologische Entsprechung: Harmonie, Ausgleich, Hingabe, Liebe, Kunst, Vergnügen, Sinnenfreude, Erotik, Spiel
mit Mars: Astrologische Entsprechung: Aufbauende und zerstörende Energie, Trieb und Drang, Initiative, Wille, Mut, Machtwille, Sex; Unfall, Verletzung, Fieber

Bewertung überwiegend negativ

Deutung nach der Tradition:
Enttäuschung, Tränen, unglückliche Zusammenhänge.

Wesensdeutung positiv:
Kraftvolles und zielbewußtes Wesen. Es wird aus dem inneren Gefühl heraus offen, ehrlich, aufrichtig, streng gegen sich und andere gehandelt. Unter einer rauhen Schale verbirgt sich ein weicher Kern. Eine starke Gefühlsnatur, in der die Triebnatur mit dem Prinzip der Anziehung gekoppelt ist. Das bedeutet zunächst ganz allgemein Kreativität. Sie kann sich erotisch zeigen, auf gesellschaftlichem Gebiet oder künstlerisch. Auf alle Fälle ein von Liebe zum Leben erfülltes Naturell. Das Körperliche spielt eine große Rolle.

Wesensdeutung negativ:
Beherrschendes Verlangen nach Hingabe und Wärme führt zu aggressiven Anwandlungen. Ein beirrbarer sexueller Wahlinstinkt führt zu Fehlern bei der Partnerwahl. Probleme in Liebe und Ehe, zu große Ausgaben, Trennungen.

Die Prognose

Prognose positiv:
Starkes Liebesbedürfnis, Leidenschaftlichkeit, Geselligkeit, Vergnügen, künstlerische Anregung, kleiner Erfolg.

Prognose negativ:
Zuviel Leidenschaft, disharmonisches Triebleben, Unbeherrschtheit. Unbefriedigtheit in der Partnerschaft begünstigt ein Ausbrechen.

Lfd. Nr. der Karte: 37

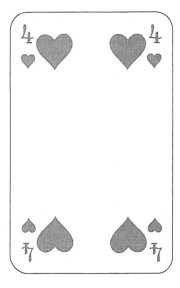

Herz 4

Mond: Astrologische Entsprechung: Seele, Phantasie, Gemüt, Wechsel, Heimat, das weibliche Prinzip, Mutter, Gattin, Volk, Fruchtbarkeit, Magen
zusammen mit Venus: Astrologische Entsprechung: Harmonie, Ausgleich, Hingabe, Liebe, Kunst, Vergnügen, Sinnenfreude, Erotik, Spiel
mit Saturn: Astrologische Entsprechung: Konzentration, Einengen, Einsicht, Hemmung, Bindung, Sicherheit, langsame Entwicklung, Vorsicht, Sorge, Mißtrauen, Krankheit, Einsamkeit, Alter, Unglück

Bewertung im allgemeinen positiv

Deutung nach der Tradition:
Selbstverleugnung, Arbeit lenkt ab, finanziell schlecht, anders gut.

Wesensdeutung positiv:
Ernste Gefühle und Neigung, vorsichtige Haltung, die sich nicht gern anderen offenbart. Zurückhaltung in Herzensdingen. Kontrollierte Empfindungen und Leidenschaften.

Wesensdeutung negativ:
Frust, Pessimismus, Mangel an Freude, Vitalität und Zuneigung. Schmerzliche Erinnerungen erschweren es, in der Gegenwart glücklich zu sein. Viele Enttäuschungen im Leben, Mangel an Selbstvertrauen. Anderen gegenüber mißtrauisch und über Vorurteile nicht hinauskommen.

Die Prognose

Prognose positiv:
Sich allein wohl fühlen, verreisen, ernstgemeinte Verbindung, Zufriedenheit, Besonnenheit, eine Pflicht gern erfüllen.

Prognose negativ:
Mangel an Selbstvertrauen, Eigensinn, seelische Hemmung oder Angst vor Bloßstellung, Stimmungsschwankungen, Minderwertigkeitsgefühle, Entfremdung oder Trennung, evtl. Trauer und Krankheit.

Lfd. Nr. der Karte: 38

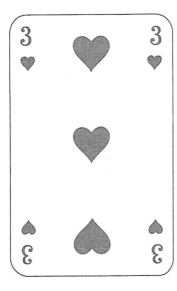

Herz 3

Mond: Astrologische Entsprechung: Seele, Phantasie, Gemüt, Wechsel, Heimat, das weibliche Prinzip, Mutter, Gattin, Volk, Fruchtbarkeit, Magen

zusammen mit Venus: Astrologische Entsprechung: Harmonie, Ausgleich, Hingabe, Liebe, Kunst, Vergnügen, Sinnenfreude, Erotik, Spiel

mit Neptun: Astrologische Entsprechung: Inspiration, Humanität, Sehnsucht nach der Ferne, weite Reise, Ausland, Schwäche, Täuschung, Illusion, Intrige, Rausch

Bewertung überwiegend negativ

Deutung nach der Tradition:
Warnung vor Selbsttäuschung, kleiner Rückschlag, Fallstricke, Mut ist nötig.

Wesensdeutung positiv:
Verfeinertes Seelenleben, verstärkte Feinfühligkeit, was sich als Sensitivität wie auch Empfänglichkeit für alle Eindrücke äußert. Hervorragende Inspiration und Phantasie, Reiselust und intensives Wunschleben sowie außergewöhnliche seelische Zustände und Anlagen. Das Schicksal ist von der Umwelt sehr abhängig.

Wesensdeutung negativ:
Verwirrende Einflüsse im Seelenleben, Selbsttäuschungen und

eigenartige und unerreichbare Ziele. Beruflich wird das Falsche getan; wie überhaupt eine Neigung zum Betrug oder zum Betrogenwerden vorliegt. Eigenartige Eltern oder Partner. Parapsychologische Aktivitäten können unangenehme Folgen haben. Es ist schwer, eigene Ideale zu verwirklichen oder den idealen Partner für das Leben zu finden. Enttäuschung oder Ernüchterung liegen nahe. Oder es werden Irrwege in der Liebe eingeschlagen. In Geldangelegenheiten wird auch nicht das Maß gehalten, weil Neigung zur Verschwendung gegeben ist.

Die Prognose

Prognose positiv:
Romantik, Schwärmerei, Beeinflußbarkeit, Liebe, Sinn für Schönheit und Kunst, genußvolle Reiseeindrücke.

Prognose negativ:
Verführbarkeit, erotische Verirrung, absonderliche Gewohnheit, Ansteckungsgefahr, Enttäuschung in der Liebe, Eifersucht.

Lfd. Nr. der Karte: 39

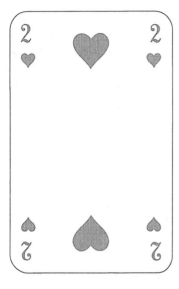

Herz 2

Mond: Astrologische Entsprechung: Seele, Phantasie, Gemüt, Wechsel, Heimat, das weibliche Prinzip, Mutter, Gattin, Volk, Fruchtbarkeit, Magen
zusammen mit Venus: Astrologische Entsprechung: Harmonie, Ausgleich, Hingabe, Liebe, Kunst, Vergnügen, Sinnenfreude, Erotik, Spiel
mit Mondknoten: Astrologische Entsprechung: Anknüpfung, Verbindung, Gemeinsamkeiten, Zusammenarbeit, Zusammenleben, zwischenmenschliche Beziehungen

Bewertung im allgemeinen positiv

Deutung nach der Tradition:
Liebesbrief, gute Nachricht, unerwartete Freude, Zufriedenheit. Nähe.

Wesensdeutung positiv:
Einfühlung in das Wesen anderer erleichtert das Zusammenleben oder die Zusammenarbeit. Vorteile durch andere. Gemeinsam Probleme lösen.

Wesensdeutung negativ:
Von anderen enttäuscht sein, doch auch sich selbst zuwenig auf andere einstellen. Es gibt häufiger Trennungen, auch in der Zweisamkeit.

Die Prognose

Prognose positiv:
Eine Freundschaft gibt Auftrieb, Kollegen helfen uneigennützig.

Prognose negativ:
Mangel an Anpassung, sich in einer Gemeinschaft oder Partnerschaft nicht wohl fühlen, sich von Freunden zurückziehen.

Lfd. Nr. der Karte: 40

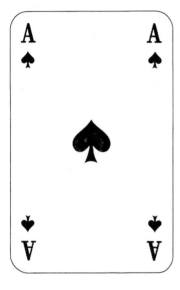

Pik As

Saturn: Astrologische Entsprechung: Konzentration, Einengen, Einsicht, Hemmung, Bindung, Sicherheit, langsame Entwicklung, Vorsicht, Sorge, Mißtrauen, Krankheit, Einsamkeit, Alter, Unglück
mit Einschlag von Mars: Astrologische Entsprechung: Aufbauende und zerstörende Energie, Trieb und Drang, Initiative, Wille, Mut, Machtwille, Sex; Unfall, Verletzung, Fieber
mit Aszendent: Astrologische Entsprechung: Das Ich, die stärkste Ausdrucksform des Willens; Habitus, Charakter, Gesundheit

Bewertung überwiegend negativ

Deutung nach der Tradition:
Macht, Höchstleistung, Heilkräfte, Gefahr, Abenteuer, Unglück, Krankheit, großes Haus.

Wesensdeutung positiv:
Ein Hinweis auf eine stoßkräftige, mitunter aber aggressiv handelnde Persönlichkeit. Sie ziehen unweigerlich die Aufmerksamkeit auf sich, wie Sie es auch lieben, auf Ihre Umwelt einen nachdrücklichen Einfluß auszuüben. Oder Sie wollen die Situation in Ihrem Milieu gern ändern, nicht zuletzt, um selbst das Heft in die Hand nehmen zu können. Unbedingte Durchsetzung. Gelingt sie nicht beim ersten Anlauf, bohren Sie mit Geduld, bis es klappt.

Wesensdeutung negativ:
Härte, Unbeugsamkeit, Schwierigkeiten, Gefühllosigkeit. Gefahren durch Gewalt, auch selbst Probleme mit Gewalt lösen wollen. Streit, Unfallneigung, Krise. Es fehlt an innerer Balance und der klaren Richtung. Ein Mißlingen bewirkt Zorn und Frust.

Die Prognose

Prognose positiv:
Durch Ausdauer Schwierigkeiten überwinden und Erfahrungen sammeln. Langsame, doch auch energische Fortschritte.

Prognose negativ:
Sich durch die Umwelt bedrückt fühlen, Krankheit oder Trauer, Entfremdung, kleinliche oder ärmliche Verhältnisse.

Lfd. Nr. der Karte: 41

Pik König

Saturn:
Astrologische Entsprechung:
Konzentration, Einengen, Einsicht, Hemmung, Bindung, Sicherheit, langsame Entwicklung, Vorsicht, Sorge, Mißtrauen, Krankheit, Einsamkeit, Alter, Unglück

mit Sonne:
Lebenskraft, Individualität, Machtstreben, Ehrgeiz, Verantwortung, das männliche Prinzip, Vater, Gatte, Herz, Kreislauf

Bewertung im allgemeinen positiv

Deutung nach der Tradition:
Älterer, wohlwollender Herr, beherrschter, tatkräftiger Praktiker.

Wesensdeutung positiv:
Festigkeit, Entschiedenheit, Kampf um die Selbstbehauptung, Vertiefung und Drang zur Zurückgezogenheit. Zwar Anzeichen für einen langsamen und schwer zu erkämpfenden Aufstieg mit nur geringer Hilfe durch andere; doch winkt ein Endsieg, und die erreichte Position ist sicher. Auch reicht die Vitalität für ein langes Leben.

Wesensdeutung negativ:
Meist Anzeichen für gesundheitliche oder andere Probleme in der

Kindheit, oft auch im Hinblick auf den Einfluß des Vaters. Oder es gab Tabus, Verbote u.ä., die lange nachwirkten und erst im Laufe der Zeit aufgearbeitet wurden. Möglich, daß auch die Gesundheit nicht stabil war. Hindernisse im Selbstausdruck oder in der Karriere, erschwerte Liebesbeziehungen. Pessimistische Einstellung als Folge von Mißgeschicken. Verbitterung oder spartanische Lebenseinstellung.

Die Prognose

Prognose positiv:
Ausdauer, Konzentration, Erfolge durch Fleiß wie durch sorgfältige Planung und Vorbereitung. Günstig für Längerfristiges, auch für Zusammenarbeit mit älteren oder erfahrenen Personen, gut für Immobiliensache.

Prognose negativ:
Sich geistig oder körperlich gehemmt fühlen, pessimistische Lebenseinstellung, Kummer, Entfremdung, Trennung, Krankheit, Familiensorgen, berufliche Schwierigkeiten.

Lfd. Nr. der Karte: 42

Pik Dame

Saturn:
Astrologische Entsprechung: Konzentration, Einengen, Einsicht, Hemmung, Bindung, Sicherheit, langsame Entwicklung, Vorsicht, Sorge, Mißtrauen, Krankheit, Einsamkeit, Alter, Unglück

mit Mond:
Astrologische Entsprechung: Seele, Phantasie, Gemüt, Wechsel, Heimat, das weibliche Prinzip, Mutter, Gattin, Volk, Fruchtbarkeit, Magen

Bewertung überwiegend negativ

Deutung nach der Tradition:
Unangenehme, unversöhnliche, grausame Person, Schwiegermutter.

Wesensdeutung positiv:
Bestrebungen, alles zu erhalten und zu sichern, erst Erfahrungen zu sammeln und dann zu handeln, verantwortungsbewußt zu sein und tüchtig die eigenen Interessen zu vertreten. Erfolge ergeben sich durch nüchterne und sachliche Einstellung und Geduld.

Wesensdeutung negativ:
Ein unzufriedener, gefühlskalter, eigensinniger, teils nachlässiger Charakter, sorgenvolles Wesen, Angst vor der Zukunft, Neigung zu

Depressionen und der Wunsch, ein zurückgezogenes Leben zu führen, weil Menschen oder Verhältnisse einengen. Unversöhnlichkeit und Befangenheit bei alten Fehlern erschweren den Kontakt. Schlechte wirtschaftliche Aussichten.

Die Prognose

Prognose positiv:
Sich allein wohl fühlen, verreisen, ernstgemeinte Verbindung, Zufriedenheit, Besonnenheit, eine Pflicht gern erfüllen.

Prognose negativ:
Mangel an Selbstvertrauen, Eigensinn, seelische Hemmung oder Angst vor Bloßstellung, Stimmungsschwankungen, Minderwertigkeitsgefühle, Entfremdung oder Trennung, evtl. Trauer, Krankheit.

Lfd. Nr. der Karte: 43

Pik Bube

Saturn:
Astrologische Entsprechung:
Konzentration, Einengen, Einsicht, Hemmung, Bindung, Sicherheit, langsame Entwicklung, Vorsicht, Sorge, Mißtrauen, Krankheit, Einsamkeit, Alter, Unglück

mit Merkur:
Astrologische Entsprechung:
Bewegung, Vermittlung, Vernunft, Rede und Schrift, Geschäfte, Reise, sachliche Interessen, Kritik, Nerven

Bewertung überwiegend negativ

Deutung nach der Tradition:
Unangenehmes, Fehlschlag, Intrige, Feinde, Falschheit; Überraschung durch eine Freundin.

Wesensdeutung positiv:
Langsames Denken, aber sichere, kleine Schritte. Sich mit wenig zufrieden geben. Eine nüchterne Einstellung, Zurückhaltung der Mittel, sich ungern mündlich und schriftlich äußern.

Wesensdeutung negativ:
Behinderungen, Befangenheit im Denken und Handeln, Ärger durch Briefe, Schriftliches, in Kontakten, bei Besuchen und auf Reisen. Schmalspurdenken, Vorurteile, Schaden durch Intrigen.

Die Prognose

Prognose positiv:
Erfolge durch Konzentration, Fleiß, logisches Denken, Sachlichkeit, Ordnungsliebe, Methodik, Geduld, auf Reisen, bei Studien oder kaufmännisch.

Prognose negativ:
Nervliche Belastung, Hemmung bei geistiger oder beruflicher Tätigkeit, Entfremdung oder Trennung; schlechte Nachrichten, Krankheit, besonders Kopf, Nerven, Gehör oder die Sprache betreffend.

Lfd. Nr. der Karte: 44

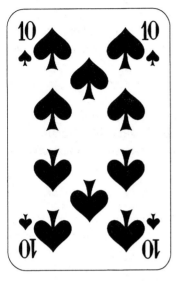

Pik 10

Saturn: Astrologische Entsprechung: Konzentration, Einengen, Einsicht, Hemmung, Bindung, Sicherheit, langsame Entwicklung, Vorsicht, Sorge, Mißtrauen, Krankheit, Einsamkeit, Alter, Unglück

mit MC: Astrologische Entsprechung: Maximaler Erfolg, Anerkennung, Aufstieg, Karriere, Wunscherfüllung, Vorteile, Protektion, Durchsetzung

Bewertung positiv/negativ nach Umfeld

Deutung nach der Tradition:
Beruf; Vorsicht, Klugheit, weiter Weg.
U Mauer,
U Schranke,
U Sackgasse,
U Aufgabe, weil Probleme zu groß.

Wesensdeutung positiv:
Langsamer, sicherer Aufstieg. Erfolge durch Klugheit und Vorsicht, besonders in der zweiten Lebenshälfte, vor allem auch durch Geduld. Nur das gelingt, was von langer Hand und gründlich vorbereitet wurde. Materielle Erfolge geben schließlich die erhoffte Sicherheit. Sehr konstruktives Verhalten im Beruf.

Wesensdeutung negativ:
Schwer lastende Verantwortung verzögert die Karriere. Oder es
sind familiäre Sorgen, die Kummer bereiten. Irrwege aus Mutlosig-
keit. Pessimismus ist die eigentliche Bremse des Erfolgs. Positives
Denken wäre nötig. Vieles wird zu schwarz gesehen, auch was die
Gesundheit angeht.

Die Prognose

Prognose positiv:
Sich an Hoffnungen klammern, Erfahrungen sammeln, durchhal-
ten.

Prognose negativ:
Berufliche oder gesellschaftliche Schwierigkeit oder Isolation, Entfremdung, Trennung, Trauer, besonders durch weibliche Personen.

Lfd. Nr. der Karte: 45

Pik 9

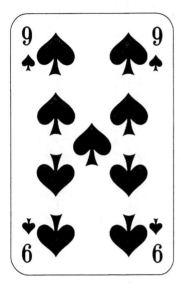

Saturn: Astrologische Entsprechung: Konzentration, Einengen, Einsicht, Hemmung, Bindung, Sicherheit, langsame Entwicklung, Vorsicht, Sorge, Mißtrauen, Krankheit, Einsamkeit, Alter, Unglück

mit Venus: Astrologische Entsprechung: Harmonie, Ausgleich, Hingabe, Liebe, Kunst, Vergnügen, Sinnenfreude, Erotik, Spiel

Bewertung positiv/negativ je nach Umfeld

Deutung nach der Tradition:
Krankheit, Gefahr, Unannehmlichkeit, Eifersucht.
U̲ Furcht,
U̲ Zerstörung des Alten.

Wesensdeutung positiv:
Bindung an erfahrenen Partner, Altersunterschied gibt Sicherheit, wenig Freude an Vergnügungen und Luxus, einfaches Leben befriedigt.

Wesensdeutung negativ:
Steifheit und Förmlichkeit im Umgang, Hemmungen, materielle Notlage. Liebeskummer, Sorgen, Probleme mit der Treue, sich zu

sehr an einen Partner klammern und dabei selbst unter Druck und Mangel an Freiheit leiden. Krankheit.

Die Prognose

Prognose positiv:
Ernste oder feste Beziehung, Nüchternheit, Wirklichkeitssinn, Pflichtgefühl, ernsthafte künstlerische Tätigkeit.

Prognose negativ:
Sich ernüchtert, vereinsamt oder unbefriedigt fühlen, Konflikt aus Eifersucht oder wegen des Geldes; Enttäuschung in der Liebe, Trennung, ein Opfer bringen müssen, Neigung zu Krankheit.

Lfd. Nr. der Karte: 46

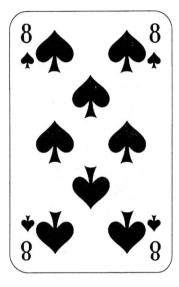

Pik 8

Saturn:
Astrologische Entsprechung: Konzentration, Einengen, Einsicht, Hemmung, Bindung, Sicherheit, langsame Entwicklung, Vorsicht, Sorge, Mißtrauen, Krankheit, Einsamkeit, Alter, Unglück

mit Pluto:
Astrologische Entsprechung: Höhere Gewalt, Zerstörung, radikale Umgestaltung, völlige Vernichtung, Macht und Masse

Bewertung überwiegend negativ

Deutung nach der Tradition:
Ärger, Schwierigkeit, Abendstunde, Mißgunst, Hindernis, freudiger Schreck.

Wesensdeutung positiv:
Sich unbeugsam mit den Schwierigkeiten des Lebens auseinandersetzen.

Wesensdeutung negativ:
Große Sorgen, schicksalhafte Einflüsse, unter Druck und Bevormundung leiden. Negative soziale Umstände, Gefahr von Intrigen. Selbstsucht. Unter einem Diktator leiden.

Die Prognose

Prognose positiv:
Sich plagen, um Erfolg zu haben, mühevolle Bestrebung.

Prognose negativ:
Verlust durch höhere oder andere Gewalt; um den Erfolg einer Mühe gebracht werden.

Lfd. Nr. der Karte: 47

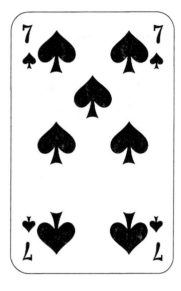

Pik 7

Saturn:
Astrologische Entsprechung:
Konzentration, Einengen, Einsicht, Hemmung, Bindung, Sicherheit, langsame Entwicklung, Vorsicht, Sorge, Mißtrauen, Krankheit, Einsamkeit, Alter, Unglück

mit Uranus:
Astrologische Entsprechung: Zufall, das Plötzliche, Überraschung, Umschwung, Erfindung, Neuigkeit, Wandel, Blitz, Krampf, Katastrophe

Bewertung überwiegend negativ

Deutung nach der Tradition:
Fehlschlag, Trennung, Rückschlag, bevorstehender Verlust, ungünstiger Ausgang.

Wesensdeutung positiv:
Starker Wille in der Kombination mit Organisationstalent befähigt zu besonderer Leistung. Jede größere Aktion ist jedoch mit Gefahren und Problemen verbunden. Die Aussichten sind meistens nicht günstig. Man sollte sich besser nach der Decke strecken, als Risiken einzugehen.

Wesensdeutung negativ:
Konservative und radikale Tendenzen geraten in Widerstreit. Plötz-

lich gibt es keine Sicherheit mehr. Verlust des Arbeitsplatzes oder schwere Krankheit, Mißgeschick durch Umgang mit der modernen Technik, Verkehrsunfall. Rückschläge in der Laufbahn oder Sturz aus sicherer, hoher Position.

Die Prognose

Prognose positiv:
Jeder Lage gewachsen sein, technischer Erfolg, weite Reise, ruhige Überlegung und planmäßige Durchführung einer neuen Unternehmung oder Veränderung.

Prognose negativ:
Fehler machen, streiten, Widerstand leisten, Gewalt anwenden oder unter solcher leiden, plötzliche Entfremdung oder Trennung, Mißgeschick oder Unfallneigung.

Lfd. Nr. 48

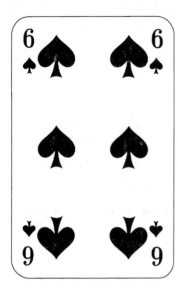

Pik 6

Saturn: Astrologische Entsprechung: Konzentration, Einengen, Einsicht, Hemmung, Bindung, Sicherheit, langsame Entwicklung, Vorsicht, Sorge, Mißtrauen, Krankheit, Einsamkeit, Alter, Unglück

mit Jupiter: Astrologische Entsprechung: Expansion, Entfaltung, Recht, Gerechtigkeit, Fülle, Hoffnung, Finanzen, das Optimum, Ordnung, Autorität, Glück

Bewertung positiv/negativ je nach Umfeld

Deutung nach der Tradition:
Unruhe, Abwarten auf Entscheidung, Krankheit.

Wesensdeutung positiv:
Gesunder Menschenverstand und Redlichkeit bringen voran. Eine ernste und ausgeglichene Natur, die vorsichtig und mit Augenmaß reagiert. Daher auch Erfolgsaussichten, doch brauchen diese einige Zeit. Nur was sich langsam entwickelt, hat wirklich Chancen. Überlieferte Gesichtspunkte werden konfliktlos übernommen, das Vorwärtsschreiten geschieht ohne Hast, gewissenhaft wird ausgefeilt und vollendet.

Wesensdeutung negativ:
Schwierigkeiten mit Geld, Verträgen, Vorgesetzten, bei der Karriere, auch gesundheitliche Sorgen. Es gibt Rückschläge, die mit Geduld und Mut überwunden werden.

Die Prognose

Prognose positiv:
Erfolg durch Ausdauer, bei ernsten Bestrebungen, Neigung zu Orts- oder Wohnungswechsel, Erfolge mit Behörden oder Vorgesetzten, guter Ausgang einer Rechtssache, Streben nach Besitz.

Prognose negativ:
Mit sich selbst und anderen unzufrieden sein, Reizbarkeit, Auflehnung, Pessimismus, Krankheitsneigung, finanzielle Sorgen und Mangel an Selbstvertrauen.

Lfd. Nr. der Karte: 49

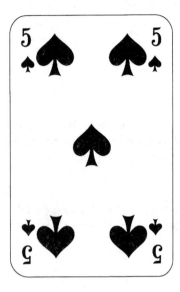

Pik 5

Saturn: Astrologische Entsprechung: Konzentration, Einengen, Einsicht, Hemmung, Bindung, Sicherheit, langsame Entwicklung, Vorsicht, Sorge, Mißtrauen, Krankheit, Einsamkeit, Alter, Unglück

mit Mars: Astrologische Entsprechung: Aufbauende und zerstörende Energie, Trieb und Drang, Initiative, Wille, Mut, Machtwille, Sex; Unfall, Verletzung, Fieber

Bewertung überwiegend negativ

Deutung nach der Tradition:
Trennung, Kummer, Sorgen, oft Reue, evtl. aber dadurch auch Gutes.

Wesensdeutung positiv:
Es können wohl gewaltige Anstrengungen voranbringen, doch werden die Ziele sehr eng gesehen. Der Verzicht auf Hilfe durch andere bringt mehr Schaden als Nutzen.

Wesensdeutung negativ:
Mit dem Kopf durch die Wand wollen. Unfallneigung, Gefahren, Schaden durch zu große Belastungen. Trennung oder viele Probleme mit anderen. Gefahr eines Unfalls oder einer ernsten Erkrankung, Neigung zur Operation.

Die Prognose

Prognose positiv:
Schwierigkeiten durch zähen und unermüdlichen Einsatz überwinden, Ausdauer und Widerstandskraft.

Prognose negativ:
Unzufriedenheit oder Unlust infolge besonderer Schwierigkeiten und Widerstände, Härte, Eigenwilligkeit, Gefahr von Verletzung oder Mißgeschick, Neigung zu Krankheit, Leid, Trauer; Schädigung durch andere.

Lfd. Nr. der Karte: 50

Pik 4

Saturn im Zeichen Steinbock:
Astrologische Entsprechung:
Konzentration, Einengen, Einsicht, Hemmung, Bindung, Sicherheit, langsame Entwicklung, Vorsicht, Sorge, Mißtrauen, Krankheit, Einsamkeit, Alter, Unglück

Bewertung im allgemeinen positiv

Deutung nach der Tradition:
Heilung, Revitalisierung, Zeit der Pause und Überwindung der Unsicherheit.

Wesensdeutung positiv:
Was lange währt, wird endlich gut. Es geht langsam voran, doch gibt dies mehr Sicherheit. Routine ist wichtig und Voraussetzung für Erfolge. Günstig für Grund und Boden, Immobilien, die Wohnung oder Besitzregelung.

Wesensdeutung negativ:
Eifersucht, Geiz, Kaltherzigkeit führen zur Vereinsamung. Vieles wird zu ernst genommen und zu schwarz gesehen. Mehr Mut und Lockerlassen wären eine Hilfe. Egoistische Einstellung.

Die Prognose

Prognose positiv:
Langsame, positive Entwicklung führt zum Ziel, zur Heilung, zu Besitz. Es lohnt sich, am Bewährten festzuhalten.

Prognose negativ:
Zu sture Einstellung; Geiz und Egoismus schaffen Neid und Feindschaft. Eine Versöhnung wird kaum gelingen.

Lfd. Nr. der Karte: 51

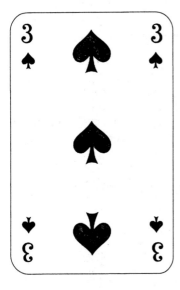

Pik 3

Saturn: Astrologische Entsprechung: Konzentration, Einengen, Einsicht, Hemmung, Bindung, Sicherheit, langsame Entwicklung, Vorsicht, Sorge, Mißtrauen, Krankheit, Einsamkeit, Alter, Unglück

mit Neptun: Astrologische Entsprechung: Inspiration, Humanität, Sehnsucht nach der Ferne, weite Reise, Ausland, Schwäche, Täuschung, Illusion, Intrige, Rausch

Bewertung positiv/negativ je nach Umfeld

Deutung nach der Tradition:
Plötzliche Entschlossenheit, gründliche Erforschung der Lage ist nötig.

Wesensdeutung positiv:
Weitblick, geistige Interessen, weite Reisen und Auslandserfahrung, gründliches Vorbereiten aller Aktionen. Sehr aus dem Unbewußten handeln. Auf die innere Stimme ist Verlaß.

Wesensdeutung negativ:
Sich etwas vormachen, getäuscht oder hintergangen werden. Schwerer Schaden durch Intrige oder Gifte. Gefahr ernsthafter Erkrankung.

Die Prognose

Prognose positiv:
Vertiefung in schwierige Probleme, eigenartige seelische Erlebnisse oder Bekanntschaften; sich ernsthaft eine weite Reise vornehmen.

Prognose negativ:
Zermürbende Zustände, quälende seelische Hemmungen, Unannehmlichkeiten, Ansteckungsgefahr oder Vergiftung, Hintergehung, Verzicht leisten müssen.

Lfd. Nr. der Karte: 52

Pik 2

Saturn: Astrologische Entsprechung: Konzentration, Einengen, Einsicht, Hemmung, Bindung, Sicherheit, langsame Entwicklung, Vorsicht, Sorge, Mißtrauen, Krankheit, Einsamkeit, Alter, Unglück

mit Mondknoten: Astrologische Entsprechung: Anknüpfung, Verbindung, Gemeinsamkeiten, Zusammenarbeit, Zusammenleben, zwischenmenschliche Beziehungen

Bewertung im allgemeinen positiv

Deutung nach der Tradition:
Kurze Verzögerung, Aufschub, Hindernis, Warnung vor Ungeduld.

Wesensdeutung positiv:
Verbindungen sollen lange halten und werden vorsichtig und mit Überlegung eingegangen. Altersunterschied ist förderlich.

Wesensdeutung negativ:
Mißtrauen gegenüber anderen verhindert eine reibungslose Zusammenarbeit. Egoismus zahlt sich nicht aus. Es gibt immer wieder Abbrüche und Trennungen.

Die Prognose

Prognose positiv:
Sich langsam auf andere zu bewegen, verstanden werden, ernstgemeinte Partnerschaft.

Prognose negativ:
Sich auseinanderleben, eingeengt fühlen, Trennung.

Deutungsbeispiele

Das Jahreshoroskop, gestellt für einen 51 Jahre alten Herrn im
März 1994.

Vorüberlegung: Personenkarte ist der Herzkönig. Wenn dieser
Herr 51 Jahre alt ist, rechnen wir: Die nächste Zahl der Zwölfer-
reihe ist 48 (4 mal 12). Überschuß 3. Also wird der Herzkönig auf
Platz 3 abgelegt. Das 3. Haus ist für dieses Lebensjahr des Fragestellers somit der wichtigste Bereich. Das Auslegen der Karten
erfolgt am 29. März. Obwohl das Datum schon fast am Monats-
ende ist, wird doch die erste der zwölf Karten, die für die Deutung
gezogen wurden, die Karo 7, auf Platz 3 (entsprechend dem März
als dem 3. Monat des Jahres) ausgelegt.

So sieht das Schema nach dem Auslegen des ASZ, der Personenkarte und der ersten zwölf Hauptdeutungskarten aus:

$$10= P\text{-}Da$$

$$11= P\text{-}4 \qquad 9= P\text{-}Bb$$

$$12= T\text{-}10 \qquad 8= T\text{-}5$$

$$P\text{-}6 = ASZ \qquad 1= H\text{-}8 \qquad\qquad 7= H-6$$

$$2= P\text{-}7 \qquad 6= P\text{-}8$$

$$PK= H\text{-}KG \qquad 3= K\text{-}7 \qquad 5= H\text{-}3$$

$$4= T\text{-}7$$

– 158 –

Diese zwölf zuerst an die Stelle der zwölf Häuser ausgelegten Karten sind die **Hauptdeutungskarten**. Sie charakterisieren den eigentlichen Trend. Die weiteren zweimal zwölf Karten ergänzen die Aussage. Sie lautet dann für das maximal bedeutsame 3. Haus: Karo 7 mit Karo 6 und Herz 5. Im Klartext für die Deutung heißt das: Die Belange des 3. Hauses (vgl. **A** → 231)) werden sich gemäß dem Charakter von Karo 7 gestalten, wobei der ganze Bereich dieses Feldes im Sinne von Pik 6, dem Aszendenten, gefärbt ist. Was Karo 7 besagt, wird durch Karo 6 näher oder vertiefend beschrieben. Die dritte Karte, die für dieses Haus ausgelegt wurde, Herz 5, kann zur Erläuterung herangezogen werden.

10= P-Da
mit K-10 + H-As

11= P-4   **9**= P-Bb
mit K-8 + K-Da   mit P-2 + H-9

12= T-10   **8**= T-5
mit T-Da + H 7   mit H-Bb + P-10

P-6 = **ASZ** **1**= H-8   **7**= H – 6
mit H-10 + T-2   mit K-Kg + T-9

2= P-7   **6**= P-8
mit K-As + K-3   mit K-2 + T-As

PK= H-KG   **3**= K-7   **5**= H-3
mit K-6 + H-5   mit K-Bb + T 8

4= T-7
mit T-Kg + P-Kg

– 159 –

Zweckmäßigerweise beginnen wir die Deutung mit dem **1. Haus** (vgl. A → 229): Herz 8 wird durch die Beikarte Herz 10 in der Tendenz verstärkt: Die eigentliche Aussage liefert die Karte Herz 8. Der Trend wird gemäß der positiven Beikarte, die Herz 10 ja ist, positiv verstärkt. Das ergibt: Großes Interesse an einer intensiven Partnerbeziehung, erotisches Abenteuer, Trieb siegt über Vernunft. Die Aussage nach der Tradition könnte die Ergänzung beisteuern, daß in den nächsten zwölf Monaten die Liebe ein zentrales Anliegen dieses Herrn sein wird.

Die Karte für den **Aszendenten, Pik 6**, liegt aufrecht, ist daher positiv zu bewerten (vgl. Deutungen, Pik 6): »Gesunder Menschenverstand und Redlichkeit bringen voran. Eine ernste und ausgeglichene Natur, die vorsichtig und mit Augenmaß reagiert. Daher auch Erfolgsaussichten, doch brauchen diese auch einige Zeit. Nur was sich langsam entwickelt, hat wirklich Chancen. Überlieferte Gesichtspunkte werden konfliktlos übernommen, das Vorwärtsschreiten geschieht ohne Hast, gewissenhaft wird ausgefeilt und vollendet.«

Der Text besagt, bezogen auf die Herz 8, daß es eine tiefe Liebesbeziehung sein muß, daß diese Liebesangelegenheiten sich langsam aber stetig entwickeln. Mit Blick auf die Beikarte Herz 10 kann man urteilen, daß es vermutlich eine »große Liebe« ist, die der Fragesteller erlebt. Treff 2 als 2. Beikarte unterstreicht den Erfolg dieser Partnerschaft, wobei die Beikarte Herz 10 ja eine Heirat oder vergleichsweise enge Beziehung in Aussicht stellt.

2. Haus: *P-7 mit K-As + K-3.* Pik 7 bedeutet nach der Tradition Fehlschlag, Trennung, Rückschlag, einen bevorstehenden Verlust, einen ungünstigen Ausgang. So ist die finanzielle Ausgangssituation bzw. die Perspektive nicht günstig. Der Fragesteller macht sich Sorgen, und er geht vermutlich Risiken ein. Aber die astrologische Entsprechung, die Kombination von Uranus mit Saturn, kann gemäß der hervorragend anzusehenden 1. Beikarte Karo-As positiv bewertet werden. Der Fragesteller wird demnach in den Angelegenheiten des 2. Hauses (**vgl. A** → **230**) seine Sorgen überwinden und schließlich erfolgreich und damit den Ansprüchen gewachsen sein. Geldquelle kann eine berufliche, vorwiegend technische Sache sein. Auch eine weite Reise oder ein Auslandsaufenthalt versprechen Nutzen. In finanzieller Beziehung sollte der Fragesteller von ruhigen Überlegungen ausgehen und, was er an neuen Unternehmungen oder Veränderungen plant, konsequent durchführen. Karo 3 als 2. Beikarte unterstreicht die Bedeutung der Phantasie und Kreativität auf die Finanzen. Vermutlich wird Gedankenaustausch mit Gleichgesinnten den Fragesteller zu neuen Aktivitäten motivieren.

3. Haus: *Karo 7 mit Karo 6 + Herz 5.* Dieses Haus wird durch die Personenkarte als besonders wichtig herausgestellt. Dessen Angelegenheiten (**vgl. A** → **231**) werden in erster Linie durch die Karo 7 charakterisiert. Die 1. Beikarte Karo 6 ist überwiegend positiv, also wird auch die Bedeutung der Kombination von Uranus und Merkur positiv zu bewerten sein. Gedankenblitze kommen auf und lassen eine originelle Idee verfolgen. Ungewöhnliches reizt den Fragesteller. Er »erfindet«, erstrebt Abwechslung in der geistigen Betätigung, lehnt Routine ab, will oder wird »aussteigen« wollen.

Plötzlich wird ein Entschluß zu einer Reise oder zu einer technischen Veränderung, zu einem ungewöhnlichen Geschäft gefaßt. In diesem Jahr wird der Fragesteller sich geistig neu orientieren, neuen Überlegungen folgen. Herz 5 als 2. Beikarte läßt aber den Schluß zu, daß durch dieses Verhalten das Privatleben (wie in Haus 1 dargestellt) negativ beeinflußt werden könnte. Starkes Liebesbedürfnis, Leidenschaftlichkeit, Geselligkeit oder das Verlangen nach Vergnügungen beeinträchtigen die Ernsthaftigkeit der Studien, die Geschäfte bzw. die Angelegenheiten des 3. Hauses.

4. Haus: *Treff 7 mit Treff König + Pik König.* Die Angelegenheiten des 4. Hauses (**vgl. A → 232**) müssen entsprechend der Qualität der Treff 7 überwiegend negativ gedeutet werden. Auch gibt der Treff König als 1. Beikarte einen Hinweis auf diese Deutung. So kann ein mißliebiger »Zufall« eintreten, ein plötzlicher Verlust erfolgen, kann es eine Wendung zum Schlechteren geben; es wäre der berüchtigte »Strich durch die Rechnung«... Das Verlangen nach Unabhängigkeit wird durch Oppositionslust übertrieben, die bisherige Lebensform wird als unerträglich empfunden. Streit kann aufkommen oder eine Zerreißprobe geschehen, wodurch die materielle Sicherheit oder auch eine Verbindung in Frage gestellt wären. Große Vorsicht ist gegenüber allen »Chancen« angebracht. Was auf den ersten Blick nutzbringend erscheint, kann zu einem Verlust führen. Es ist jetzt nicht die Zeit für dauerhafte Lösungen, auch nicht, um aus einer Sache oder einer Verbindung »auszusteigen«, obwohl gerade dazu Lust besteht. Diese Bedeutung der Treff 7, auf das eigene Heim, die Familie bezogen, spricht nicht gerade für Harmonie in den vier Wänden. So könnte die Familie gegen die Liebesbindung sein. Die beiden Könige sind amtliche Personen, also gibt es Schwierigkeiten wegen eines Schriftstücks, wegen einer Urkunde. Der Fragesteller will eigene Wege gehen, wird daran aber gehindert. Die zu erwartende Auseinandersetzung wird die Nerven des Fragestellers strapazieren (das 3. Haus). Die Aussichten für die Beilegung des Konflikts sind nicht günstig.

5. Haus: *Herz 3 mit Karo Bube + Treff 8.* Herz 3 warnt in der Liebe vor Täuschung, und Karo Bube ist der Mensch am Scheideweg. Wieder kann man das als Widerspruch zwischen den Aussagen zum 1. und zum 3. Haus bewerten. Treff 8 bedeutet ja Tränen, Eifersucht oder Leid. So wirft die 2. Beikarte ein bezeichnendes Licht auf die Problematik der Intimsphäre dieses Fragestellers (**vgl. A → 233**). Er mutet sich und anderen einiges zu und wird auch nicht so glücklich sein, wie es die Umstände (nämlich die Innigkeit der Beziehung) eigentlich erwarten ließen. Fazit: Hoffnungen werden immer wieder gebremst und halten oft nicht länger als zwei Monate (die Aussage der Treff 8). Der Fragesteller hat dem Deuter nicht zu erkennen gegeben, ob er bereits verheiratet ist. In diesem Falle würden die Amtspersonen, die Schwierigkeiten machen, Anwälte sein. So stünde eine Scheidung im Raum. Da das 5. Haus auch Bezug auf Kinder hat, könnten solche der Anlaß für die Schwierigkeiten sein.

6. Haus: *Pik 8 mit Karo 2 + Treff As.* Schwierigkeiten oder Sorgen im Bereich der Arbeit und/oder der Gesundheit (**vgl. A → 234**). Im ersteren Fall ergeben sich solche nicht zuletzt durch andere Personen (Karo 2). Das Treff As läßt den Schluß auf eine Krankheit zu. Der Fragesteller könnte sie sich durch seine Tätigkeit im Brotberuf, also durch Überarbeitung, zuziehen. Dann gibt es eine Rückwirkung: Durch Krankheit stagniert der berufliche Einsatz. Setzt man das 6. Haus dem 6. Monat gleich, so sollte sich der Fragesteller besonders im Juni vorsehen.

7. Haus: *Herz 6 mit Karo König + Treff 9.* Eheangelegenheiten (**vgl. A → 235**) sind aussichtsreich, doch sollte sich der Fragesteller die Realisierung nicht zu leicht vorstellen. Treff 9 als 2. Beikarte läßt auf die Einmischung eines Nebenbuhlers schließen. Es gibt also Konkurrenz, doch bedeutet die Herz 6 die »Treppe nach oben«. Der Fragesteller wird also den Mut nicht sinken lassen und verwirklichen, was er sich vorgenommen hat; aber es dauert.

8. Haus: *Treff 5 mit Herz Bube + Pik 10.* Streit, Hader oder Auseinandersetzungen drohen durch die Marskarte Treff 5 mit »Hinterlassenschaften«. Solche können vielfältig sein, wenn man auch in erster Linie an Erbangelegenheiten denken muß (**vgl. A → 236**).

– 163 –

Mars heizt aber auch die Leidenschaften an. Der Fragesteller wäre gut beraten, sich von diesen nicht fortreißen zu lassen. Herz Bube ist u.a. die »Gedankenkarte«. So sind die »Hinterlassenschaften« ein weites Feld. Sie zwingen den Fragesteller zu intensiver Auseinandersetzung mit dem, was er materiell oder ideell übernehmen muß. Da wird er manche Nuß zu knacken haben und auch negative Erfahrungen machen. Pik 6 als Aszendent weist in dieselbe Richtung, doch wird das Ende gut ausfallen.

9. Haus: *Pik Bube mit Pik 2 + Herz 9.* Bei den Reisen bzw. Auslandsangelegenheiten (**vgl. A → 237**) muß der Fragesteller vorsichtig sein. Oder er bekommt es in anderem Zusammenhang mit einem Ausländer zu tun. Pik 2 könnte als Hinweis (durch die Herz 9) zu verstehen sein, daß eine Partnerschaft betroffen ist; vielleicht also stammt der Konkurrent in der Herzenssache »von weit her«. Diese Person vermag dem Fragesteller zu schaden, sei es offen oder durch Intrige. Der Fragesteller darf sich keine Blöße geben, um sich vor Schaden zu bewahren.

10. Haus: *Pik Dame mit Karo 10 + Herz As.* An sich bezeichnet das 10. Haus den Beruf (wozu man »berufen« ist, nicht Broterwerb!) (**vgl. A → 238**). Sofern eine Dame als Vorgesetzte dieses Herrn in Frage kommt, ist eine berufliche Auswirkung möglich, sonst ist eher an den gesellschaftlichen Rahmen zu denken. Karo 10 deutet den großen Einfluß dieser Dame an, Herz As spricht für gesellschaftlichen Einfluß. Zwar ist die Pik Dame unter Umständen eine »böse« Frau, hier aber verbessern gute Beikarten die Qualität der Pik Dame. Sie könnte fördern, protegieren. Der Fragesteller tut gut daran, sich nach dieser Dame umzusehen. Wenn Sie seinen Weg kreuzt, sollte er sich entsprechend verhalten.

11. Haus: *Pik 4 mit Karo 8 + Karo Dame.* Freundschaften (**vgl.**

A → **239**) werden sich im Laufe dieser zwölf Monate nach dem Motto »was lange währt, wird endlich gut« entwickeln. Es lohnt sich, an bewährten Beziehungen festzuhalten, vor allem zum anderen Geschlecht. Freundschaften werden, sofern man sie ernst nimmt, zu einer Quelle der Zuversicht.

12. Haus: *Treff 10 mit Treff Dame + Herz 7.* Soweit Feindschaften zu erkennen sind, die dem Fragesteller zusetzen, hängen sie mit seinen Herzensangelegenheiten zusammen. Die Treff Dame wird durch die Herz 7 als entsprechende »Übeltäterin« entlarvt. Sie wird dem Fragesteller zusetzen. Er muß aufpassen, daß er durch sie nicht in einen Prozeß verwickelt wird. Zwar läßt der Aszendent letzten Endes alle Belastungen durchstehen, doch ein Sieg würde teuer erkauft. Deshalb wäre ein Arrangement oder Kompromiß gewiß die bessere Lösung.

Interessantes zum Thema Kartenlegen

Spielkarten haben ganz offensichtlich mit »Glück« zu tun – das weiß jedes Kind, das sich beim Schwarzen Peter vergnügt, jeder, der sich beim Skat entspannt oder beim Pokern auf Fortuna vertraut. Nichts liegt also näher, wenn man in den Karten »Omen« sieht, d. h. Zeichen, denen eine Vorbedeutung zukommt.

In Museen werden Karten aufbewahrt, die 600 Jahre und älter sind. Fürsten wie Landsknechte waren ihnen, dem »Gebetbuch des Teufels«, einst verfallen. Seither haben sich die Spiele geändert, nicht aber die Hoffnungen der Menschen, die mit den bunten Bildern Kombinationskraft, Scharfsinn und Aufmerksamkeit, aber auch ihr Glück auf die Probe stellen.

Dies gilt auch für den Skat, das Kartenspiel für drei Personen, das zwischen 1810 und 1820 aus dem erzgebirgischen »Schafkopf« entstanden ist (Gründung des Deutschen Skatverbandes 1899 in Altenburg). Oder für das wohl internationalste Spiel, für Bridge. Vermutlich russischen Ursprungs, wurde es aus dem verbreiteten Whistspiel entwickelt und trat vor hundert Jahren erstmals hervor.

In der Reihe der bekanntesten Spiele nimmt das älteste eine Sonderstellung ein. Es ist das österreichische Nationalspiel »Tarock«, nicht zu verwechseln mit dem bayrischen Haferl-Tarock, das mit einer üblichen 36-Blatt-Karte gespielt wird. Das österreichische Tarockspiel besteht aus 78 Karten. Davon sind 22 sogenannte »Tarocks«, die Atouts oder Trumpfkarten, von denen 21 mit den römischen Zahlen I bis XXI durchnumeriert sind. Das 22. Kartenblatt zeigt die Abbildung eines Mannes mit einer Narrenkappe, die der »Sküs« genannt wird. Ebenso trägt die Karte I den Sondernamen »Pagat« und die XXI die Bezeichnung »Mond«. Diese »Tarocks« stechen jede Farbenkarte.

Da gibt es Karo, Herz, Treff und Pique. Außer König, Dame und Bube ist noch der Reiter oder Ritter, auch »Kawal« genannt, als weitere Hofkarte vorhanden. Die heute verbreiteten Karten der Firma Ferdinand Piatnik & Söhne, Wien, zeigen auf den 21 Tarocks Motive aus dem 18. Jahrhundert, die mit »Okkultem« nichts mehr zu tun haben. Nur die Anzahl und die Numerierung dieser »Tarocks« sind ein Hinweis auf die 22 »Hohen (oder Großen) Arkana« (d. h. Geheimnisse) des »Tarot«. So nennt man die alten, eigentlichen Wahrsagekarten. Man hat in den 22 Tarotkarten der »Hohen Arkana« Symbole vor sich, die früher nur dem Eingeweihten verständlich waren. In ihnen sah man Initiationswege und ordnete sie den 22 Buchstaben des hebräischen Alphabets zu, man deutete sie kabbalistisch, hermetisch und nicht zuletzt auch astrologisch.

Die 56 »Kleinen oder Niederen Arkana« sind in vier Serien mit je vierzehn Karten aufgeteilt.

Die »Schwerter« entsprechen Pik,
die »Stäbe« (oder Keulen) entsprechen Treff (oder Kreuz),
die »Becher« (oder Pokale) entsprechen Herz,
die »Münzen« entsprechen Karo.

Kurzdeutung der 22 Tarotkarten:

I.   Magier (oder der Gaukler)
Es ist die Karte der transzendentalen Erkenntnis, des Nicht-Wissens. Insofern steht sie für Gott, für die Autorität, für das tätige, vom

Innern her gespeiste Denken. Der »Magier« repräsentiert die männliche Energie im Kosmos (vgl. Yang). Er hat auch Bezug zu Thot, dem Gott der Weisheit und der Magie. Thot verfügt über Schöpferkraft, hat er doch die Zahlen und das Messen der Zeiten erfunden. Der Magier ist im Tarot auch die Personenkarte eines männlichen Fragestellers.
Die astrologische Entsprechung ist Widder.

II. Päpstin (oder Hohepriesterin)
Als Pendant zum Magier symbolisiert diese Karte die weibliche Energie (vgl. Yin) im Kosmos. Indem sie die jungfräuliche Mondgöttin abbildet, repräsentiert sie zwar die Unschuld, doch ist sie als Göttin der Fruchtbarkeit befähigt, allem Kosmischen Leben zu schenken. In dieser Kombination ist sie Symbol der Kälte bzw. einer platonischen Beziehung. Die Päpstin ist die Personenkarte für eine weibliche Fragestellerin.
Die astrologische Entsprechung ist Stier.

III. Kaiserin (oder Herrscherin)
Sie ist Hathor, die Mutter des Universums, und hat Interesse am Strom des Lebens. Sie ermöglicht Initiative und Aktion, ist loyale Partnerin und schafft Familienglück durch Liebe. In ihr spiegelt sich die Venus als Regentin des Tierkreiszeichens Stier.
Die astrologische Entsprechung ist Venus.

IV. Kaiser (oder Herrscher)
Wille und Vernunft lassen Schwierigkeiten überwinden, Intelligenz dominiert Emotionen und Leidenschaften. Er ist die Antithese zur Karte VII.

V. Papst (oder Hohepriester)
Zu diesem religiösen oder geistigen Führer kann man sich flüch-

ten. Er verkörpert Weisheit und Erbarmen. Ihn zeichnet Führungsqualität besonders im Hinblick auf Priesterschaft aus.

VI. Liebespaar (die Liebenden)
Die Leidenschaft führt zur Vereinigung der Liebenden und damit zur Überwindung der (sexuellen) Polarität. Dualität mündet in Einheit. So hatte auch Zeus das Wesen der Zwillinge Castor und Pollux verstanden, die »versternt« das Sonnen- und das Mondprinzip darstellen.
Die astrologische Entsprechung ist Zwillinge.

VII. Triumphwagen
Es ist die Karte des kämpferischen, tückischen Mars. Sie symbolisiert die Notwendigkeit, sich zu beherrschen, damit Energie nicht zerstört. Nur kanalisiert durch Einsicht kann sie zum Triumph führen.
Die astrologische Entsprechung ist Pluto.

VIII. Gerechtigkeit
Venus als Regentin der Waage ist hier im Gewand Justitias Symbol für den gerechten Ausgleich, für das stete Streben nach Gleichmaß und unbestechlicher Gerechtigkeit.
Die astrologische Entsprechung ist Waage.

IX. Einsiedler
Weisheit, Vorsicht und Klugheit lassen ihn nur seinem eigenen Licht folgen. Sein Äußeres ist ihm unwichtig. Als Eingeweihter weiß er, Geheimnisse zu bewahren.
Die astrologische Entsprechung ist Jungfrau.

X. Glücksrad (das Rad des Schicksals)
Ohne Anfang und ohne Ende ist der Wechsel von Glück und Unglück. Welches Los das Schicksal dem einzelnen auch zuteilt, die

– 169 –

Zeit wird für ihn zum Ausdruck von Gnade. Mit dem Rad des Schicksals können sich unerwartete Begebenheiten ankündigen. Ebenso kann sich ein Problem unvermutet lösen lassen.
Die astrologische Entsprechung ist Jupiter.

XI. Kraft
Intuition siegt über niedere animalische Kräfte der Seele. Diese Karte ist Symbol von Mut und Energie, von Geduld und Arbeit.
Die astrologische Entsprechung ist Löwe.

XII. Gehenkter
Das Leben ist in der Schwebe. Es muß eine Prüfung durchgestanden oder ein Opfer gebracht werden, damit eine Wiedergeburt der Lebenskraft möglich wird. Nicht immer werden die Opfer honoriert.
Die astrologische Entsprechung ist Neptun.

XIII. Tod
Es gibt neue Veränderungen und Anstrengungen, der Tod geht der Wiedergeburt voraus. So kann sich auch eine neue Idee entwickeln, wenn Altes aufgegeben wird.
Die astrologische Entsprechung ist Skorpion.

XIV. Mäßigung (der Ausgleich)
Das Erkennen der eigenen Mittel und Fähigkeiten erlaubt die spirituelle Erleuchtung. Selbstkontrolle und Genügsamkeit als Weg zur Harmonie.
Die astrologische Entsprechung ist Schütze.

XV. Teufel
Krankheit oder Gewalt, Unheil und Knechtschaft sind nichts Endgültiges. Wenn die Menschen zunächst das Animalische ihrer Natur erkennen, werden sie es überwinden.

– 170 –

Die astrologische Entsprechung ist Steinbock.

XVI. Turm (oder der Blitz, die Katastrophe)
Hochmut, der nach den Sternen greift, wird bestraft. Verlust, Zusammenbruch oder Ruin sind die Folge von zu großer, besonders materieller Begehrlichkeit, auch im Sexuellen.
Die astrologische Entsprechung ist Mars.

XVII. Stern
Glaube, Hoffnung, Einsicht belohnen besondere Anstrengungen. Diese und andere intensive Wünsche sind nötig, um Fortunas Gunst zu gewinnen.
Die astrologische Entsprechung ist Wassermann.

XVIII. Mond
Falsche Freunde oder Feinde bewirken Verrat. Viele unbekannte Einflüsse können zusammentreffen und Tücken und Gefahren bringen.
Die astrologische Entsprechung ist Fische.

XIX. Sonne
Das Glück hat viele Formen: Gesundheit, Erfolg, Freude, Heirat. Vor allem muß man das Leben akzeptieren, wie es kommt.
Die astrologische Entsprechung ist Sonne.

XX. Jüngstes Gericht
Nun ist es an der Zeit, Rechenschaft abzulegen. Vergeben und Vergessen. Alles kann sich jetzt ändern und einen neuen Start bringen.

XXI. Welt
Erfüllung ist das Endresultat aller Anstrengungen, der Lohn für die Mühen. Diese Karte ist stärker als alle anderen.

– 171 –

Der Narr

Die XXII. Karte ist eigentlich die erste. Sie drückt Naivität, Verrücktheit und Enthusiasmus aus. Damit kann ein Abenteuer beginnen oder auch nur eine Dummheit. Ein Narr, wer sich weigert, den Rat Erfahrener anzunehmen, und sich nur von eigenen Ideen leiten läßt.

Das Auslegen kann nach vielen Mustern geschehen. Die meisten berücksichtigen nur die 22 Hohen Arkana. Sie stellen in ihrer Gesamtheit einen Schnitt durch alle Bereiche des Lebens dar. Deswegen trägt diese Gruppe auch die Bezeichnung »der Mensch«. Die Karten spiegeln sein Wissen, seine Handlungsmotive, seine Tugenden und Laster, seine physische und psychische Verfassung, seine Wünsche und Ängste wider.

Die Bilder auf den Karten sind anschaulich, konkret, sie sollen sich dem Deuter einprägen und damit Denkanstöße zur eigenen Kombination geben. Insofern sind sie von mnemotechnischer Wirkung, so daß auch ein Analphabet sie »lesen« kann. Darüber hinaus überliefern die in den Bildern enthaltenen Symbole uraltes, einst geheimes Wissen. Deshalb dürfen modern gestaltete Karten vom Inhalt der Vorbilder auch nicht abweichen. Allerdings müssen wir von der Annahme ausgehen, daß die heute gebräuchlichen Kartenbilder im Laufe der Jahrhunderte bereits Veränderungen erfahren haben, sie also nur bedingt Kopien von Originalen sind.

Wie dem auch sei, die 22 Bilderkarten ergeben kein System, auch wenn so manche Buchautoren unserer Tage hier ein solches »hineingeheimnissen« möchten. Damit aber gibt es eben auch keinen wirklich passenden Schlüssel zum Tarot. Man verstehe die 22 Bildkarten als zeitlose Urbilder, denn was sie andeuten, ist im Fluß. Deswegen können sie uns einen Zugang zu den unterschiedlichen Ereignisebenen unseres Daseins ebenso geben wie etwa vor 200 Jahren.

– 172 –

Für das Auslegen des Tarots gibt es ungezählte Muster. Ein häufig verwendetes Schema ist das auf Seite 13 genannte.

Unter **Kartomantie** versteht man die Deutungskunst auf der Grundlage von Spiel- oder Wahrsagekarten. Beide Formen, sowohl das Kartenlegen mit den üblichen Spielkarten wie auch der Tarot, die Deutung der Wahrsagekarten, setzen eigentlich telepathische Fähigkeiten im Menschen voraus. Kartomanten, also Kartenleger oder -deuter, sind überzeugt, daß es in der Natur keinen Zufall gibt, sondern daß alles im Universum nach einem unabänderlichen Gesetz abläuft. Damit ergibt bereits das Mischen der Karten kein »zufälliges« Resultat. Das Mischen bestimmt ja die Reihenfolge, wie die Karten anschließend gezogen oder ausgelegt werden. Das ist abhängig vom Fragesteller, der die Karten unbewußt in einer Weise gemischt hat, die seiner Veranlagung und damit auch seiner Schicksalstendenz entspricht. Der Deuter dagegen bedient sich der Karten, um das »Steigrohr seines Unbewußten« in Betrieb zu setzen. Die Kartenbilder regen ihn an. So »sieht er voraus«, was eintreten wird. Es wird die Phantasie des Deuters durch die Karten ebenso angeregt wie die eines Hellsehers, der sich einer Glaskugel bedient, um sich in einen autohypnotischen Zustand zu versetzen. Bekanntlich ist die Leistungsfähigkeit echter »Medien« sehr unterschiedlich, von Stimmungen ebenso abhängig wie von der körperlichen Verfassung und daher auch nicht zu allen Zeiten gleich intensiv.

Was ist nun von der Kartomantie überhaupt zu halten? 1934 begann Professor Rhine mit seinen wissenschaftlichen Versuchen zur Telepathie, die in letzter Konsequenz dazu führten, daß Hellsehen und verwandte parapsychologische Phänomene heute wissenschaftlich anerkannt sind, da es für sie einleuchtende Erklärungen gibt.

Professor Rhine wählte für seine Experimente einfache einprägsame Kartenbilder, u.a. Dreieck und Kreuz. Solche Karten entsprechen auch dem rationalen Denkverhalten unserer Tage. In den längst vergangenen Zeiten, in denen der Tarot entstanden war, bedurften die Menschen offensichtlich einer weitaus anschaulicheren Symbolik. Bei der Betrachtung moderner Tarot-Blätter kann man sich freilich nicht des Eindrucks erwehren, daß auch sie unserer Phantasie Anreize geben. Deshalb ist es wichtig, daß man zu eigenen Versuchen Karten verwendet, die dem persönlichen Geschmack entsprechen, so daß man einen inneren Zugang zu den Motiven bekommt.

Die wissenschaftlichen Experimente über die verschiedenen Formen des Wahrsagens lassen allesamt erkennen, daß es nur echten Medien, also besonders sensitiven Personen, gegeben ist, Voraussagen im Sinne der Parapsychologie zu machen. Den Karten oder einer Kristallkugel oder anderen Utensilien kann demnach nur eine Vermittlerrolle zugeschrieben werden. Die Frage, um die es geht, kann mithin nur sein, ob mit Hilfe von Karten jeder die Zukunft voraussagen kann.

Diese Frage muß man eindeutig verneinen. Dennoch sollte das Kartenlegen nicht in Bausch und Bogen verurteilt werden. Es hat vieles mit einer Patience gemeinsam. Bekanntlich wird mit diesem Geduldspiel, das sowohl Glück wie Aufmerksamkeit und Konzentration erfordert, gern eine schicksalhafte Frage verknüpft, auf welche der Spieler die Antwort Ja oder Nein haben möchte. Einen praktischen Nutzen haben solche Patiencen nicht, es sei, daß derjenige, der sich auf diese Weise mit den Karten beschäftigt, dazu angeregt wird, seine persönliche Situation, die er schicksalhaft sieht, nochmals zu überdenken. Das aber kann bereits ein Gewinn sein.

Eine ähnliche Situation besteht auch, wenn eine sensitive Person jemandem die Karten legt. Wahrscheinlich zapft dabei der Deuter den Fragesteller telepathisch an, so daß dieser schließlich als Antwort nicht viel mehr als ein Echo seiner eigenen Meinung erhält. Ist der Kartenleger lebenserfahren, kann eine solche »kartenschlägerische Beratung« unter Umständen wirklich hilfreich sein. Sie wirkt dann nicht weniger, aber auch nicht mehr als der »gute Rat« einer Person, die am Fragesteller interessiert ist. Daß allen wahrsagerischen Praktiken Gefahren innewohnen, liegt auf der Hand. Da aber das Kartenlegen heute eher als Vergnügen betrachtet wird denn als ernsthafter Versuch, Zukünftiges zu ergründen, ist es wohl eine harmlose Unterhaltung und daher unproblematisch.

In Veröffentlichungen der Presse oder im Fernsehen wird häufig von Wahrsagern berichtet, die außer Kartenlegen auch Horoskope stellen. So muß beim Laien der Eindruck entstehen, daß beides ähnliche Verfahren sind, was ja keineswegs der Fall ist.

Um ein Horoskop zu deuten, was nach bestimmten festen Regeln geschieht, bedarf es außer gehöriger fachlicher Kenntnisse eines bestimmten Kombinationsvermögens mit entsprechender Vorstellungsgabe. Jedoch ist das Deuten eines Horoskops ein absolut rationales Verfahren, das nichts mit medialer Begabung zu tun hat. Man weiß, daß Medien durch bestimmte Gegenstände angeregt werden, sei es eine Kristallkugel, sei es Kaffeesatz – oder eben durch die Karten. Der »mediale Mensch« wird stimuliert und »sieht« dann bestimmte »Ereignisse« voraus, ein nicht medial veranlagter Deuter, der sich an Regeln klammert, kommt dagegen nur zu einer ziemlich blutleeren Vorausschau. Auch eine Horoskopzeichnung mit ihren verschiedenen Symbolen vermag einen Sensitiven zu inspirieren. Falsch wäre jedoch der umgekehrte Schluß, daß jeder Astrologe ein Medium sein müsse. Ein Horoskop ist durchaus rational zu erklären, denn die Regeln, nach denen dies geschieht, sind auf der ganzen Welt ziemlich gleich.

Ein echter Kartomant dagegen wird schon bald, nachdem er die Kunst der Deutung erlernt hat, eigene Praktiken entwickeln. Die Regeln der Kartendeutung sind daher so vielgestaltig, die Anzahl der Deutungssysteme ist kaum zu überschauen. Es ist ja gerade das selbständige Experimentieren mit den Spiel- oder Tarotkarten, das sich als reizvoller Zeitvertreib erweist, der anregt oder entspannt, dessen Effizienz jedoch begrenzt ist. Mit echter Astrologie, mit der Tätigkeit des Horoskopierens, sind weder der Tarot noch das einfache Kartenlegen zu vergleichen. Dennoch gibt es für beide Formen der »Divination«, d. h. der Zukunftsdeutung, einige Berührungspunkte. Diese aufzuzeigen, ist Sinn dieses Buches.

Der Esoterik-Almanach des Jahres 1989 führt an die 100 Bücher zur Kartomantie auf. 90 Prozent davon beschäftigen sich mit dem Tarot, also mit ausgesprochenen Wahrsagekarten. Und von den restlichen 10 Prozent sind es nur sehr wenige, die sich ausschließlich der Praxis des Kartenlegens mit den üblichen Spielkarten widmen. Der Tarot mit seinen 22 geheimnisvollen »Hohen Arkana« lädt viel mehr zu Deutungsversuchen mit mehr oder weniger mystischen Spekulationen ein. Da ist es nicht schwer, vermeintliche Zusammenhänge mit allen möglichen Sparten des Okkultismus herzustellen.

Ganz anders ist es mit den Wahrsagepraktiken auf der Grundlage normaler Spielkarten. Da gibt es Zusammenhänge etwa mit der Astrologie, auch wenn diese nicht so offenkundig sind. Um hier durchzublicken, muß man sich zunächst überlegen, was *Astrologie und Horoskopie eigentlich ist*.

Wie der Kartomant ist auch der Astrologe von der Ganzheit des Kosmos überzeugt. Er anerkennt einen Zusammenhang zwischen dem »Gang der Gestirne«, worunter die Winkelbildungen der Wandelsterne bezogen auf einen bestimmten Punkt der Erdoberfläche zu einem ganz genau bestimmten Zeitpunkt zu verstehen sind. So gibt das Horoskop in Form einer mathematisch exakten Berechnung der astronomischen Fakten wieder, in welchen Positionen am Himmel Sonne, Mond und die Planeten (das sind Merkur, Venus, Mars, Jupiter, Saturn, Uranus, Neptun und Pluto) sich

z. B. zum Zeitpunkt einer Geburt (maßgebend ist der »erste Schrei«) befunden haben und wie Horizont und Meridian auf diesem irdischen Ort verlaufen sind. Diese Berechnungen kann man heute dem Computer überlassen, der auch die Anfertigung der Zeichnung bestens erledigt. Weniger gut gelingt diesen Maschinen die Interpretation einer solchen Horoskopzeichnung. Der Computer fügt meistens die Deutungsregeln einfach aneinander, anstatt zu kombinieren und einzelne Fakten gegeneinander abzuwägen.

Doch gerade darin besteht die Kunst der astrologischen Deutung, denn die einzelnen Konstellationen sind oft nicht ohne weiteres auf einen Nenner zu bringen. Eine Horoskopdeutung ist ja ein psychologisch fundiertes Gutachten, und die Natur eines Menschen ist vielschichtig und kann nicht in Schwarz-Weiß-Manier aufgeschlüsselt werden. Gewiß läßt sich die Horoskopdeutung erlernen, und sie ist ein phantastisches, äußerst faszinierendes Hobby. Aber es bedarf einer ausgiebigen Erfahrung, also des Studiums vieler hundert Horoskope, bis man eine gewisse Sicherheit in der Auslegung der Fakten erreicht.

Der grundlegende Unterschied zwischen echter Kartomantie und echter Horoskopie ist also der Anteil des Unbewußten, das sich in Form von Phantasie bzw. Intuition äußert. Sie ist für den Kartenleger unverzichtbar, für den Astrologen dagegen eher störend. Er muß die Fakten erkennen, muß etwa der Zeichnung entnehmen, in welchen Tierkreiszeichen Sonne und Mond plaziert sind und in welchem Winkel sie zueinander stehen. Dann muß er die Regeln der Deutung beherrschen, wissen, was es bedeutet, wenn sie eng zusammen oder einander gegenüber stehen usw.

Es gibt bekanntlich zwölf Tierkreiszeichen. Die »Zeitungsastrologie«, die ja nur den Geburtstag eines Menschen berücksichtigen kann, nicht aber das Jahr, die Stunde und den Ort der Geburt, kommt mit 12 Deutungen der Sonnenposition aus. Nimmt man nur die Zeichenstellung des Mondes hinzu, ergeben sich bereits

– 177 –

12 mal 12 = 144 Möglichkeiten der Interpretation. Berücksichtigt man dann noch das zur Zeit der Geburt im Osten aufsteigende Tierkreiszeichen – jedes der 12 ist dies einmal am Tag –, den »Aszendenten«, ergeben sich bereits 1728 verschiedene Mischtypen. Die Anzahl aller Faktoren ist praktisch unerschöpflich, und kein Horoskop gleicht dem anderen.

Ein weiterer ganz wesentlicher Unterschied betrifft die Grundlage des Tuns. Das Horoskop beruht auf den Konstellationen zu einem exakt bestimmten Zeitpunkt, das Auslegen der Karten aber geschieht gemäß der momentanen Situation des Fragestellers.

Eine oft geübte Form der Wesens- wie auch der Zukunftsdeutung ist das Handlesen, die Chirologie. Form und Linien der Innenhand sind angeboren. Die Linien allerdings verändern sich, wenn auch sehr langsam. Bei einem Rechtshänder zeigt die linke Innenhand das Potential aller Möglichkeiten, die rechte aber läßt erkennen, was er aus sich gemacht hat, ob das Anlagengefüge ausgeschöpft ist oder nicht.

Die Handdeutung geht von real existierenden, sichtbaren Fakten (Form und Linien der Hände) aus. Sie spiegeln die planetaren Grundprinzipien, die das Horoskop den Planetenstellungen entnimmt. Das System ist ähnlich, nur haben Astrologie und Chirologie unterschiedliche Bezugsebenen. Astrologen wird vorgehalten: Woher weiß man, daß sich ein Winkel von Mars und Sonne auf mich bezieht? Ein solcher Einwand ist gegenüber der Chirologie nicht möglich, da die Hände ja offensichtlich zum Träger derselben Person gehören.

Kritiker des Kartenlegens fragen dagegen ähnlich wie im Falle des Horoskops: Woher soll ich die Überzeugung haben, daß eine bestimmte, wenn auch von mir gezogene, Karte auch tatsächlich etwas über meine Angelegenheiten, gar meine Zukunft aussagt? Es kann darauf eigentlich nur eine Antwort geben: Das Kriterium, ob die Kartomantie funktioniert, **ist der Erfolg.**

– 178 –

Die Ähnlichkeiten
mit dem Horoskop

Was Sie vom Horoskop wissen sollten

Viele Mißverständnisse um die Astrologie haben ihre Ursache in einer Verwechslung der Tierkreis- oder Stern*zeichen* mit den Stern*bildern.*

Letztere gehören in den Bereich der Astronomie, also jener Naturwissenschaft, die sich beobachtend und rechnend mit den Vorgängen am Himmel befaßt. Die Sternzeichen oder **Tierkreiszeichen**, wie man besser sagen sollte, haben mehr mit der Astrologie, und zwar mit der Horoskopkunde zu tun. Die Astronomen rechnen zwar auch mit ihnen, doch vor allem werden sie zur Kunst der Deutung des Laufs der Planeten herangezogen. Deswegen muß es heißen: »Matthias ist am 12. August geboren, im Tierkreiszeichen des Löwen.« Falsch wäre es, würde man sagen »im Sternbild des Löwen«, denn durch die Präzession – das ist das Pendeln der Erdachse – stimmen beide, Sternbild und Tierkreiszeichen, nicht mehr so annähernd überein wie vor rund 2000 Jahren, als die Astrologie im wesentlichen ihre heutige Form erhielt. Am 12. August steht zwar die Sonne im Tierkreiszeichen Löwe, jedoch im Sternbild des Krebses! Deswegen sind Horoskope aber keineswegs falsch, denn das astronomisch-astrologische Jahr beginnt, wenn die Sonne – am 21. März von der Südhälfte in die Nordhälfte wechselnd – den Himmelsäquator überschreitet. Tag und Nacht sind dann gleich lang.

Durch den astrologischen Tierkreis führt die Sonnenbahn, die Ekliptik, mit ihren zwölf gleich großen Abschnitten, den Tierkreiszeichen. Der Sonnenlauf steht durchaus in Zusammenhang mit

– 180 –

dem Naturgeschehen, und die Zeichen haben die gleiche Bedeutung wie vor 2000 Jahren.

Damals hatten die Griechen das lange Zeit vorher in Babylonien und Ägypten entstandene astrologische System mathematisch so vollendet ausgebildet, daß man von einer geistigen Großtat ersten Ranges sprechen kann. In jener Zeit gab es zwar eine gewisse Übereinstimmung zwischen Tierkreiszeichen und Sternbildern. Aber sie deckten sich nur ungenau, weil die Sternbilder unterschiedlich groß sind. So erstreckt sich etwa das Sternbild Jungfrau über fast 44 Bogengrade, das Sternbild des Krebses aber nur über 20 Grade. Die Tierkreiszeichen dagegen sind alle jeweils 30 Grad groß.

Durch die Präzession verschiebt sich der Frühlings- oder Widderpunkt in 72 Jahren um einen Bogengrad nach hinten. Das heißt, daß er in etwa 26 000 Jahren einmal durch den Tierkreis wandert. Deshalb liegt der Frühlingspunkt, mit dem der Tierkreis anfängt, heute auch nicht mehr da, wo er vor 2000 Jahren war, sondern ist seither durch das Sternbild Fische gewandert und liegt nun am Beginn des Sternbildes Wassermann. Deshalb spricht man auch vom beginnenden »Wassermannzeitalter«.

Es muß ausdrücklich darauf hingewiesen werden, daß die zwölf Tierkreiszeichen ganz bestimmte Menschen*typen* charakterisieren, die es in dieser Form, also rein, gar nicht gibt. Es kommt ja nicht nur auf die Position der Sonne in den zwölf Zeichen an, sondern man muß auch fragen, wo der Mond zum Zeitpunkt der Geburt stand und welches Zeichen gerade am Osthimmel aufstieg, also »Aszendent« war, bzw. welches durch den Meridian ging. Die Zeitungsastrologie erweckt freilich den Eindruck, daß es allein auf die Sonnenstellung ankommt. Sie ist in erster Linie für die Irreführung des Leserpublikums verantwortlich.

Die Tierkreiszeichen haben wir uns als Zonen vorzustellen, die stark von dem sie beherrschenden Planeten geprägt sind. So finden wir etwa im Widder die typischen Eigenheiten des Mars, im Stier die der Venus. Wer einmal das Wesen der astrologischen Grundprinzipien begriffen hat, kennt damit auch das Wichtigste von den Tierkreiszeichen.

Sonne und Mond beherrschen jeweils nur ein Zeichen, Merkur, Venus, Mars, Jupiter und Saturn deren zwei, ein Tag- und ein Nachtzeichen bzw. ein positives und ein negatives.

Das Wichtigste vom Horoskop und seinen Symbolen

Das Horoskop ist die praktische Grundlage der Astrologie. Es veranschaulicht die kosmischen Verhältnisse zu einem bestimmten Zeitpunkt, bezogen auf einen bestimmten Punkt der Erde. Die **Ekliptik**, das ist die Sonnenbahn, führt durch zwölf Stern*bilder* von unterschiedlich großer Ausdehnung. Diese am Himmel sichtbaren »Bilder« sind für das Horoskop ohne Bedeutung. Dagegen gehören die zwölf Tierkreis*zeichen* gleichen Namens zu den Deutungselementen. Es sind jeweils 30 Bogengrade, also gleich große Abschnitte der Sonnenbahn. Diese sind natürlich am Himmel nicht sichtbar, sondern es sind Recheneinheiten, die das Horoskopschema, die Zeichnung, darstellen. Die Tierkreiszeichen bilden ein wohldurchdachtes, nach verschiedenen Gesichtspunkten gestaltetes *System von Ordnungssymbolen*.

Man kann die Tierkreiszeichen auch als Stilformen des Verhaltens ansehen, denn ihnen werden ganz bestimmte Verhaltenseigenschaften wie auch Reaktionsformen von Wille und Gefühl zugeschrieben. Sie haben aber auch körperlich-organische Entsprechungen und damit sowohl Bezug auf die Triebfedern unseres Handelns wie auf die Gesundheit. Als Charaktertypen liefern die Tierkreiszeichen anschauliche Modelle für menschliche Verhaltensweisen, zwölf verschiedene Formen der Auseinandersetzung mit der Welt.

Diese zwölf Typen treten niemals rein auf, vielmehr entspricht jeder Mensch einem ganz bestimmten *Mischtypus*. Es kommt also nicht (nur) darauf an, in welchem Zeichen die Sonne (☉) am Geburtstag gestanden hat, sondern man muß auch fragen, wo der Mond (☽) war. Er durchwandert den Tierkreis in einem Monat. Nächstwichtig ist der »Aszendent«, das ist das zur Geburtszeit (»erster Schrei«) im Osten aufsteigende Zeichen. Außerdem sind die Wandelsterne zu berücksichtigen, die Planeten:

Merkur	(☿)
Venus	(♀)
Mars	(♂)
Jupiter	(♃)
Saturn	(♄)
Uranus	(♅)
Neptun	(♆)
Pluto	(♇)

Gemäß altem Sprachgebrauch werden auch Sonne und Mond in der Astrologie als Planeten bezeichnet. Man sieht in ihnen dann nicht die astronomischen Himmelskörper, sondern betrachtet sie als Kennmarken für bestimmte organische Kräfte im Menschen. Sie bezeichnen durch ihre Symbolik »Bauglieder« einer individuellen Struktur. Ihre Winkelverbindungen untereinander, die »Aspekte«, drücken eine Spannungsverteilung aus. Sie erlauben z. B. Aussagen über die innere Harmonie eines Horoskopeigners.

In jedem Menschen sind bestimmte Grundkräfte vorhanden: etwa Macht- oder Geltungsstreben (erfaßt unter dem Symbol Sonne), Gefühle und Empfindungen (erfaßt unter dem Symbol des Mondes), Harmonieverlangen (Venus), die Fähigkeit zur Anpassung (Merkur), Wille und Trieb (Mars), das Bestreben der Ausdehnung oder Vermehrung (Jupiter) oder Prüfung, Leid und Konzentration (Saturn).

Jedem Planetensymbol entspricht eine ganz bestimmte Bedeu-

– 184 –

tungsreihe, die zwar logisch erfaßbar ist, aber deren Glieder nicht kausal zusammenhängen. So bedeutet Saturn z. B. Konzentration, Festigkeit, Isolation, Einsamkeit, Pessimismus, Abschnürung vom Leben, Versteinerung, Sorge, Krankheit, Alter.

Zwar sind in jedem Menschen die Potenzen der Triebkräfte vorhanden, doch ist ihre Ausprägung individuell verschieden. Deswegen sind auch die Motive unseres Handelns unterschiedlich.

Die Bausteine des Horoskops im einzelnen – soweit sie für das Kartenlegen von Bedeutung sind

Wer sich als Einsteiger mit Astrologie beschäftigt, neigt dazu, die Tierkreiszeichen für die wesentlichen Elemente dieses Erfahrungswissens (ich möchte den Begriff Wissenschaft hier vermeiden) zu halten. Das kann gar nicht anders sein, weil ja die ganze Zeitungsastrologie davon lebt. Aber die zwölf bekannten Zeichentypen sind nichts anderes als die Manifestationen der planetaren Prinzipien.

Bei den Planeten sind Sonne und Mond eingeschlossen. Das hat nichts mit dem immer wieder zitierten »falschen Weltbild der Astrologen« zu tun, die einfach nicht anerkennen wollten, was Kopernikus entdeckt hat, daß nämlich die Sonne das Zentrum unseres kosmischen Systems ist. Astrologen beziehen alle himmlischen Erscheinungen auf die Erde, denn hier leben wir. Für uns ist es ein großer Unterschied, ob die Sonne scheint, also über dem Horizont, im Tagraum, steht oder ob wir Nacht haben.

Der Astrologe verwendet zwar für sein Horoskop jene astronomischen Daten, die den Lauf der Himmelskörper betreffen, doch sieht er in ihnen nicht dasselbe wie die Astronomen, die daher auch nicht über Astrologie urteilen können. Für den Astrologen sind Planeten *im Organismus* wirkende Kräfte, die ganz bestimmte Funktionen oder Aufgaben zu erfüllen haben. Diese Kräfte finden sich auch in den Tieren und Pflanzen, sogar auf der mineralischen Ebene. In welcher Weise – das hängt von den Möglichkeiten des

– 186 –

Mediums ab, stofflich, organisch, seelisch oder geistig zu reagieren. Da der Mensch sowohl Anteil am Stofflich-Körperlichen wie am Organisch-Biologischen und Seelisch-Geistigen hat, kann man in seiner Natur auch die planetaren Prinzipien auf jeder der drei Ebenen auffinden.

Wie der Mensch zur Musik oder zur Mathematik gekommen ist, läßt sich ebensowenig feststellen wie die Herleitung der Astrologie von der Betrachtung des himmlischen Geschehens oder die Entstehung der Kartomantie. Wir müssen hierfür den Schlüssel in Bewußtseinserweiterungen sehen, oder wir könnten die Veränderungen in der menschlichen Bewußtseinslage auch mit »Offenbarungen« umschreiben. Wem das zu mystisch erscheint, mag sich an die psychologischen Begriffe der Intuition oder Inspiration halten. Sie bringen uns auf die rechte Spur, während das naturwissenschaftlich-kausale Denken hier versagen muß, da ja die Naturwissenschaften die Frage nach dem Sinn nicht zulassen. Solange Wissenschaften und Weisheit getrennt sind, um nicht zu sagen, sich ausschließen, werden wir das Geheimnis der Zusammenhänge nicht ergründen. Es bleibt uns, daß wir die Fakten sehen und sie nehmen, wie sie sind.

Das betrifft die sieben astrologisch-planetaren Grundprinzipien. Wie jedoch das Horoskop durch die Hinzunahme von Neptun, Uranus und Pluto, die ja erst in der Neuzeit bzw. Gegenwart entdeckt wurden, differenzierte Aussagen möglich machte, kann man auch in der Kartendeutung gleiches tun. Dies kann kein Lehrbuch der Astrologie oder des Horoskopierens sein. Es können nur jene Deutungselemente besprochen werden, deren Kenntnis für den Kartendeuter von Belang und eine Bereicherung ist.

Die sieben planetaren Grundprinzipien der Astrologie

A → 201   **Das Prinzip »Sonne«**

Die **Sonne** symbolisiert im Horoskop die Persönlichkeit des Menschen in geistiger, moralischer und physischer Hinsicht. Sie repräsentiert das Ich, Lebenskraft, Geist, Aktivität und gilt als Machtsymbol. Die Verletzung ihrer Stellung durch die Aspekte (d. h. Winkel) anderer Gestirne gibt Hinweise auf die Neigung zu Krankheiten, auf die Einschränkung der Vitalität, aber auch auf Existenzsorgen.

Dem in jedem Menschen vorhandenen Sonnenprinzip entspricht das Streben nach Ganzheit, denn die durch die Planeten bezeichneten Einzelkräfte oder -prinzipien werden durch das Sonnenhafte zusammengefaßt, also auf ein Ziel abgestimmt. Insofern macht die »Sonne« es möglich, daß wir unsere Persönlichkeit vollenden können.

Die Horoskop-Sonne hat auch immer Bezug zum Vater wie der Mond zur Mutter. Da die Sonne ja in sehr unterschiedlichen Positionen stehen kann, geschieht es eben auch, daß die Kinder einer Familie den Vater durchaus verschieden erleben.

Eine »gute« Sonne läßt in sich ruhen und aus dieser Haltung nach Größe und Format streben. Dieser Mensch ist wahrhaftig und empfindet Abneigung gegen alles Niedrige und Gemeine. Er ist sich seiner Würde voll bewußt. Er wird aber im Leben auch immer Bedingungen vorfinden, die seine Selbstverwirklichung erleichtern.

Das Sonnenhafte zeigt sich am reinsten im Tierkreiszeichen **Löwe**. Hier hält sich die Sonne zwischen dem 23. 7. und 23. 8. auf.

A → 202   Das Prinzip »Mond«

Wie nach der fernöstlichen Weisheitslehre YANG und YIN sich polar ergänzen, so sind es in der Astrologie Sonne und Mond. Es ist der Gegensatz von Mann und Frau, von plus und minus, aktiv und passiv, Zeugen und Empfangen, den die astrologischen »Lichter« bezeichnen. Er ist eine Grundlage des astrologischen Systems.

Darüber hinaus symbolisiert der **Mond** vor allem die Seele. Er hat Bezug auf Gefühl, Phantasie, Vorstellungsgabe, auf die Wärme des Gemüts, auf Hingabefähigkeit, auf Traum und Erlebnistiefe. Der Mond bedeutet das weibliche Prinzip und steht im Horoskop für die Frau oder Mutter. Ihm entsprechen die passive Einstellung und rhythmisches Erleben, aber auch Wechsel, Veränderungen, Reise und Beziehungen zum Volk. Der Mond liefert dem Kundigen aber auch Hinweise auf die tiefsten Seelenschichten, auf das persönliche Unbewußte. Es ist ja das Sammelbecken unserer Erinnerungen. Die moderne Wissenschaft der Psychosomatik hat herausgefunden, in welch gewaltigem Maße das Unbewußte unsere Gedanken und Handlungen, ja unsere Gesundheit beeinflußt. Im Körpergeschehen entspricht dem Mond der ganze Flüssigkeitshaushalt, besonders die Lymphe, sodann die Verdauung, vor allem der Magen. Im Tierkreis ist dem Mond der **Krebs** zugeordnet, durch den die Sonne zwischen dem 22. 6. und 22. 7. zieht.

In der Kartendeutung ist das »Mondische« mehr auf Phantasie und Seelentiefe, auf Sehnsucht und Reisen, auf das »Fernliegende« zu beziehen.

A → 203   Das Prinzip »Merkur«

Im antiken Götterhimmel sehen wir die einzelnen Götter als Ver-

– 189 –

körperungen der Grundprinzipen unseres Seins. Götter sind »gedichtet«, nicht »erdichtet«, sagt Herder. So ist Merkur bekannt als der Götterbote, denn sein Wesen ist die Vermittlung, die Kommunikation. Dies zeigt sich am deutlichsten im Bereich des Handels, des Kaufmännischen, aber auch in der Art, wie man sich Kenntnisse erwirbt, so durchs Lernen, durch Studien, auf Reisen. »Merkurisch« ist in erster Linie der Verstand.

Gefühle (astrologisch das Mondhafte) sollen keine Rolle spielen, wo es auf die Vernunft ankommt. Merkur bringt Ordnung in unsere Welt, denn er ordnet, mißt und wägt, vergleicht. Wissen und Erfahrungen werden gesammelt, Beobachtungen ausgewertet. **Merkur** weist auf Gewandtheit im Ausdruck, in Wort und Schrift, auf geistiges Streben, Lernwillen, Vielseitigkeit und diplomatisches Verhalten.

Muß Merkur negativ bewertet werden, bedeutet er Lüge, List, Unaufrichtigkeit, Gerissenheit, Zersplitterung, Neigung zu Nervosität und zu verletzender Kritik. Als Intelligenzplanet sagt er auch aus über Erfindungsgabe. Er hat Bezug zur Anpassung, zu Kontaktfähigkeit und steht für Geschäftssinn bzw. kaufmännische Begabung. Merkur bleibt immer an der Oberfläche, denn die Tiefe ist Saturn vorbehalten. So ist merkurisch gleichbedeutend mit wertfrei, es bezeichnet die Denkfunktion »an sich«.

Im Tierkreis sind es die **Zwillinge**, die das Wesen Merkurs in reiner Form zeigen. Die Sonne wandert durch diesen Sektor zwischen 21. 5. und 21. 6. Aber auch die **Jungfrau** (die Sonne ist hier zwischen 24. 8. und 23. 9.) zeigt Seiten Merkurs, die »praktische Intelligenz« etwa des Pädagogen, des Erfinders oder des Wissenschaftlers, Berufe, wo es auf erkennendes Beobachten ankommt wie etwa beim Buchhalter oder Techniker.

A → 204 **Das Prinzip »Venus«**

Venus ist im Olymp die Göttin der Liebe und der Schönheit. Die

– 190 –

»Venus in uns« läßt uns denn auch nach Harmonie streben, steht für das Verlangen nach Ausgewogenheit, für Form- und Farbensinn, für den Wohlklang des Gesangs und der Musik. Das Wesensgemäße wird angezogen, das Wesensfremde abgestoßen: Ausdruck für das Wechselspiel von Sympathie und Antipathie. Körperlich entspricht Venus den inneren Sexualorganen, den Nieren, Venen, Schweißdrüsen, den erogenen Zonen. Sie ist Symbol des »kleinen Glücks«, das Annehmlichkeiten und leichtes Leben verspricht. Venus bedeutet also Schönheitssinn, Ästhetisches, Harmonie, Liebe, Kunst, Musik, Lebensfreude, Zärtlichkeits- und Hingabewünsche, erotische Anziehung, doch auch Streben nach Idealen, Menschenliebe und Verlangen nach Geselligkeit und Freundschaft. In schlechter Position weist Venus im Horoskop auf eine Verletzung des Lustprinzips, auf unstillbare Sehnsucht nach Befriedigung, auf Genußsucht, Verschwendung, Vergnügungslust, Leichtsinn, Putzsucht, Übertreibung im Sexuellen oder auf erotisch bedingte Neurosen hin.

Im Tierkreis ist das Zeichen **Stier**, durch das die Sonne zwischen 21. 4. und 20. 5. wandelt, der Herrschaftsbereich der »irdischen« sinnenfrohen Venus, das Zeichen **Waage** dagegen, wo die Sonne zwischen 24. 9. und 23. 10. weilt, untersteht der »himmlischen« Venus, die hier elegant, ästhetisch und schön ist.

A → 205   Das Prinzip »Mars«

Er ist der Gott des Krieges, Symbol praller Männlichkeit und steht für die aufbauende wie für die zerstörende Energie, für Trieb und Drang, Heftigkeit, für den Willen, die Impulse, für Aggression wie auch für Mut zur Entscheidung und Handlungsbereitschaft. Mars kann im Horoskop verdeutlichen, ob man sein Dasein aktiv und positiv gestaltet oder ob man sich treiben läßt. Dem Feuer seiner Leidenschaften und der Lust zu körperlicher Entfaltung, dem Mut zum Angriff und der Schärfe seiner Argumente im Geistigen stehen

negativ gegenüber das Überborden der Kräfte, die allzugroße Sinnlichkeit und Heftigkeit der Reaktionen. Ein vorschnelles und ungenaues Urteilen, auch Grausamkeit und Brutalität. Mars kann weit
voranbringen, in böser Stellung aber auch Freude am Konflikt,
an Bosheit und Hinterlist bedeuten. Physiologisch steht Mars für
Muskeln, für das Blut, auch für die Galle. Marsisch sind Affekte,
Koliken, Fieber und Entzündungen.

Im Tierkreis ist natürlich das erste Zeichen, Initiative und Start
verkündend, dem Mars unterstellt. Es ist der **Widder,** durch den die
Sonne zwischen dem 21. 3. und 20. 4. zieht. Sodann gehört zum
Mars auch der **Skorpion**, in dem die Sonne zwischen 24. 10. und
22. 11. ist. Diese Grundbedeutungen des astrologischen Prinzips
Mars finden wir auch in der Kartendeutung.

A → 206   # Das Prinzip »Jupiter«

Der astrologische **Jupiter** ist allgemein bekannt als Glücksbringer,
als der große Harmonisierer, doch gilt Venus als das eigentliche
Harmoniesymbol. Jupiter umschreibt in der Astrologie Gesetz,
Recht, Religion, Sitte und Moral, Wohlwollen und Güte. Gewiß,
jeder Mensch hat alle Planeten in seinem Geburtshoroskop. Aber
es ist ein großer Unterschied, ob und in welchem Maße sie mit anderen Gestirnen verbunden sind, welches Maß an Bedeutung ihnen jeweils zukommt. Der Anteil von Jupiter im Horoskop zeigt
das Talent zum Glück. Der Deuter kann vermuten, wie groß die
Glücksfähigkeit überhaupt ist. Das hat damit zu tun, daß in diesem
Falle als »Glück« verstanden wird, wie sich das Beste aus einer ge-
gebenen Lage machen läßt und dem Erlebten Sinn gibt. Der Stellung Jupiters im Horoskop entspricht das erreichbare Optimum an
Selbstverwirklichung.

In der Kartomantie dagegen ist unter Jupiter vor allem der Ehrgeiz herausgestellt. Dies mag aus der Erkenntnis entspringen, daß
es einen Zusammenhang zwischen Macht, Geltung, Einfluß und

der Selbstverwirklichung gibt. Je besser die berufliche und soziale Position ist, desto geringer ist die Behinderung durch Zwänge. Doch Ehrgeiz kann leicht in eine falsche Richtung führen, wenn mit ihm nicht sittliche Reife einhergeht. Diese aber hängt mit der religiösen Grundhaltung zusammen, hat zu tun mit dem Streben nach geistigen Idealen wie nach überpersönlicher Liebe.

Schlechte Jupiterkonstellationen im Horoskop lassen Verschwendung, unsoziales Verhalten, materialistische Einstellung, Unmoral, Unsittlichkeit, Unglauben und Zweifel erkennen. Spielertum und Hochstapelei können die eine Seite des breiten negativen Spektrums bezeichnen, übertriebener missionarischer Eifer, Hochmut und Überheblichkeit wie heuchlerische Frömmelei die andere.

Das Jupiterprinzip zeigt sich am deutlichsten im Sternzeichen **Schütze**, das von der Sonne zwischen dem 23. 11. und 21. 12. durchwandert wird, beträchtlich aber auch im Tierkreiszeichen **Fische**, wo die Sonne zwischen dem 20. 2. und 20. 3. steht.

A → 207   Das Prinzip »Saturn«

Im Horoskop kommt es sehr darauf an, in welchem Maße »Saturn« stabilisierend und als Gewissen steuernd eingreift. In positiver Hinsicht ist das Wesen des »Schicksalsplaneten« **Saturn** mit Einsicht, Erfahrung, Reife, Pflichterfüllung, Weisheit, Ernst, Konzentration, Ausdauer und Fleiß zu umschreiben. Ein ausgeprägtes Gewissen läßt nach letzten Erkenntnissen streben und begünstigt das geduldige Ausharren. In schlechter Position bedeutet Saturn Pessimismus, Trennung, Mißtrauen, Zermürbung, die großen Prüfungen im Leben, Sorgen und Not, Leid und Hindernisse, Verzögerungen und Erschwerungen.

Das Saturnprinzip ist unter den Zeichen des Tierkreises am deutlichsten im **Steinbock** ausgeprägt, der von der Sonne zwischen dem 22. 12. und 20. 1. durchwandert wird. Es manifestiert sich aber auch stark im **Wassermann**, der zwischen dem 21. 1. und 19. 2. von der Sonne besetzt wird. Saturn ist Inbegriff des Materiellen, der Erdenschwere, des Festhaltens an der Realität. Doch es entspricht dem Wassermann, die Bindung, soweit sie Fessel ist, abzustreifen und sich zu geistiger Höhe aufzuschwingen. Hier offenbart Saturn das Streben nach Weisheit und Erkenntnis. Er ist ja auch als Gottheit Chronos der Herr der Zeit.

Wie in der Astrologie bedeutet Saturn in der Kartendeutung Sparsamkeit, Konzentration, Beachtung der Ökonomie der Mittel, das Materielle in seinem eigentlichen Sinn.

A → 208   Uranus

Der Planet wurde 1781 von Herschel entdeckt. Damit wurde das System der alten sieben Gestirne erweitert. Da es sich jedoch in Jahrhunderten als vollkommen erwiesen hat, konnte man Uranus kein neues Grundprinzip zubilligen. Wohl aber konnte man durch ihn die Horoskopdeutung ergänzen und zu differenzierteren Aussagen kommen. Man sieht heute Uranus als *eine höhere Oktave des Mars* an. Aber er ergänzt auch *Merkur*.

Uranus symbolisiert die Gewalt, die große Kraft, die plötzlich und mit Vehemenz in Erscheinung tritt, sei es als Zufall oder Überraschung, als Blitz oder Krampf, als Mißgeschick oder Katastrophe. Uranus ist das Symbol übergroßer Dynamik. Ihm unterstehen Intuition, neue, progressive Ideen, Revolutionäres und Geniales. Er bezieht sich auf das Uralte wie auf das Ultramoderne, auf Elektrizität, Verkehr, Computer.

Im Tierkreis hat man Uranus heute als Herrn des Zeichens **Wassermann** anzusehen, durch das die Sonne zwischen dem 21. 1. und 19. 2. wandert.

A → 209   Neptun

Auch der 1846 von Galle entdeckte Neptun stellt kein neues

– 194 –

Grundprinzip in der Astrologie dar, ergänzt aber ebenfalls gleich Uranus die Möglichkeiten der Horoskopdeutung. Man sieht ihn als *eine höhere Oktave der Venus* an und bringt ihn auch mit *Jupiter* in Verbindung. Diesen hat er auch in der Herrschaft über das Zeichen **Fische** abgelöst, durch das die Sonne zwischen dem 20. 2. und 20. 3. zieht.

Neptun bedeutet umfassende Menschenliebe, aber auch das Hinabtauchen in Romantik und Mystik, die feinsten geistigen Schwingungen, Inspiration und Einfühlungsvermögen. Oft ist die Grenze schwer zu bestimmen, wo der Schwindel beginnt, denn Neptun bezieht sich auch auf Schwächen, Illusion, auf Rausch, Gifte, Täuschung, Intrigen, Ansteckung, Lähmung und Haltlosigkeit.

Im Horoskop der Karten hat Neptun Anteil an den Aussagen zu Inspiration und Intution.

A → 210   **Pluto**

Man kennt Pluto erst seit 1930, als er u.a. von Lowell entdeckt wurde. Das astrologische System konnte er nicht beeinflussen, doch auf seine Art ergänzen. Er ist seiner Natur nach mit *Mars* verwandt, man schreibt ihm höhere Gewalt zu oder begreift ihn unter dem Stichwort »Macht und Masse«.

Astrologisches Kompaktwissen

Wie bereits erwähnt, darf man die Tierkreis- oder Stern*zeichen* nicht mit den Stern*bildern* verwechseln. Aufgrund der Präzession, das ist das Pendeln der Erdachse, stimmen beide nicht mehr so annähernd überein wie vor rund 2000 Jahren, als die Astrologie im wesentlichen ihre heutige Form erhielt. Deswegen sind Horoskope keineswegs falsch, denn das astronomisch-astrologische Jahr beginnt, wenn die Sonne – am 21. März von der Südhälfte in die Nordhälfte wechselnd – den Himmelsäquator überschreitet. Tag und Nacht sind dann gleich lang. Der astrologische Tierkreis ist also durchaus vom Naturgeschehen abhängig und hat die gleiche Bedeutung wie vor zwei Jahrtausenden.

Auch muß nochmals ausdrücklich darauf hingewiesen werden, daß die zwölf Tierkreiszeichen ganz bestimmte Menschen*typen* bezeichnen, die es in dieser Form, also *rein*, gar nicht gibt. Die Zeitungsastrologie ist für die Irreführung des Leserpublikums verantwortlich zu machen.

Die Tierkreiszeichen haben wir uns als Zonen vorzustellen, die ganz im Sinne ihres herrschenden Planeten geprägt sind. So finden wir etwa im Widder die typischen Eigenheiten des Mars, im Stier die der Venus. Wer einmal das Wesen der astrologischen Grundprinzipien begriffen hat, kennt damit auch das Wichtigste von den Tierkreiszeichen. Sonne und Mond beherrschen jeweils nur ein Zeichen; Merkur, Venus, Mars, Jupiter und Saturn deren zwei, ein Tag- und ein Nachtzeichen bzw. ein positives und ein negatives.

– 196 –

A → 211 *Zuteilung der Tierkreiszeichen zu den Planeten:*

Sonne	=	Löwe	(+ F)		
Mond	=	Krebs	(– W)		
Merkur	=	Zwillinge	(+ L)	und Jungfrau	(– E)
Venus	=	Waage	(+ L)	und Stier	(– E)
Mars	=	Widder	(+ F)	und Skorpion	(– W)
Jupiter	=	Schütze	(+ F)	und Fische	(– W)
Saturn	=	Wassermann	(+ L)	und Steinbock	(– E)

A → 212 *Die beiden Polaritäten:*

+ = positiv, männlich, aktiv
– = negativ, weiblich, passiv

A → 213 *Zuteilung zu den vier Elementen:*

F	=	Feuer	: Widder	Löwe	Schütze
E	=	Erde	: Stier	Jungfrau	Steinbock
L	=	Luft	: Zwillinge	Waage	Wassermann
W	=	Wasser	: Krebs	Skorpion	Fische

*Feuer*zeichen sind aktiv, wollen sich durchsetzen und führen. In ihnen ist der *Wille* maßgebend.

*Erd*zeichen sind passiv, wollen erhalten, sichern, besitzen. Sie sind irdisch, an den *Trieb* gebunden.

*Luft*zeichen sind aktiv, der *Intellekt* steuert ihre Handlungen; leben und leben lassen.

*Wasser*zeichen handeln aus dem *Gefühl* heraus und bedürfen der Ruhe.

A → **214** *Die Dynamik der drei Kreuze*:

Kardinales Kreuz: Widder, Krebs, Waage, Steinbock
Starke Intensität; hochgespannt

Fixes (festes) Kreuz: Stier, Löwe, Skorpion, Wassermann
Mittlere Intensität; Beachtung der Zweckmäßigkeit

Veränderliches (bewegliches)Kreuz: Zwillinge, Jungfrau, Schütze,
Fische
Schwache Intensität; schwankend und unbestimmt im Handeln.

Die zwölf Tierkreiszeichen

A → 215   **Widder**

Ein echter Widder ist eifrig, unternehmungslustig und voller Begeisterung für alles Neue. Der oft naive Draufgänger steckt voller Ideen, entwickelt Initiativen und setzt seine Energie spontan ein, denn er will das Ganze, und das möglichst schnell. Er liebt die klare Linie, scheut Umwege und entscheidet sich eindeutig, ist sehr selbstbewußt, zeigt Geltungsdrang, will und kann führen. Er ist technisch und praktisch begabt.

Ist das Zeichen Widder schlecht gestellt, schadet sich dieser Typ aber auch durch Übereifer, kann rücksichtslos und jähzornig sein, streitet sich, ist ein ungeduldiger, aufsässiger und unbequemer Untergebener, der vieles anfängt, ohne es zu vollenden. Durch seine Triebe läßt er sich zu Abenteuern hinreißen.

Gesundheit: An sich vital, kann er schlechte Zähne haben, bekommt leicht Fieber, ist anfällig für Streß, da er nicht abschalten kann, nervös, hat oft schlechten Schlaf, empfindlich sind Nieren und Magen. Aber er hat auch eine beträchtliche Regenerationskraft.

A → 216   **Stier**

Ein echter Stier denkt und handelt realitätsbezogen. Er kennt die Grenzen, liebt die Ordnung, ist sachlich, trennt Pflicht von Vergnügen, ist geduldig und ausdauernd, vorwiegend praktisch veranlagt, liebt Musik und Kunst, vor allem auch den Genuß. Er ist für das Natürliche, Unkomplizierte, ist herzlich, gesellig und humorvoll. Veränderungen liegen ihm nicht. Er braucht Sicherheit. Sein

– 199 –

Denken und Fühlen kreist vielfach um den Besitz, auch um den des Partners.

Steht die Sonne am Geburtstag in kritischen Aspekten, kann dies das Verlangen nach Bequemlichkeit und Genüssen ebenso anzeigen wie Starrsinn oder Sturheit, Eifersucht, die den Partner »vereinnahmt«; so kann der Stier auch ein hartgesottener, einseitiger und unbeugsamer Typ sein, der an seinen Vorurteilen festhält, geistig wenig beweglich ist, der aber auch sehr von der Stimmung abhängt, die ihn länger ins Tief drängt.

Gesundheit: Hals, Kehle, obere Atmungsorgane sind empfindlich, die Verdauung kann schlecht sein. Die Beherrschung der Triebe kann zum Problem werden.

A → 217 Zwilling

Ein Zwilling ist beweglich, paßt sich an, ist neugierig, an vielem interessiert, der geborene Vermittler. Er sucht Kontakte, möchte sich anlehnen, das Leben von der heiteren Seite nehmen. Gute Umgangsformen, diplomatisches Geschick, kaufmännisches Talent und die Fähigkeit, sich in Wort und Schrift auszudrücken, lassen ihn auf vielen Gebieten Erfolge haben. Zwillinge sind alles andere als Langweiler. Selbst aktiv und schöpferisch, suchen sie auch die Begegnung mit dem Faszinierenden und Ungewöhnlichen.

Sind die augenblicklichen Interessen aber zu stark, wird der Mantel nach dem Wind gedreht. Ein Zwilling hat gern zwei Eisen im Feuer, ist sehr stimmungsabhängig, daher auch unentschlossen oder wankelmütig, in der Lebensführung nicht immer ordentlich und beständig. Ruhelosigkeit, Konzentrationsschwächen und Untreue werden ihm als Mängel angekreidet, liegen aber im sanguinischen Temperament begründet.

Gesundheit: Die Nerven, Arme, Hände, der ganze Bewegungsapparat sind empfindlich, Erkrankungen der Atmungsorgane werden überdurchschnittlich häufig angetroffen.

A → 218   Krebs

Hervorragend sind ein liebevoller, gütiger Wille, Empfindsamkeit, Phantasie, der Wunsch nach unaufdringlicher Lebensführung. Das Gefühl dominiert, er hört Untertöne, hat Ahnungen und ist dankbar für Anerkennung und Lob. Seine Intuition warnt ihn oft. Seine Kreativität kann er künstlerisch einsetzen. Der Krebstyp ist fürsorglich, hilfsbereit und hält sich an gesellschaftliche Konventionen. Er weiß um die Notwendigkeit von Disziplin, auch wenn es ihm schwerfällt, sich einengen zu lassen.

Er ist aber auch zu schnell beleidigt und nachtragend, seine Sentimentalität kann zu stark sein. Er zeigt Launen, kann sich gehen lassen und versumpfen. Die übergroße Phantasie begünstigt Furcht, Unbeständigkeit und Lust zu Veränderungen. Anderen gegenüber ist er oft zu verschlossen: harte Schale, weicher Kern. Er gibt sich zwar nicht gern als Besserwisser, will aber das letzte Wort haben.

Gesundheit: Unerfreuliches schlägt auf den Magen, die empfindlichste Körperregion. Gemütsleiden sind überdurchschnittlich.

A → 219   Löwe

Der Löwe ist sich seines Wertes wohl bewußt und stets bemüht, sich entsprechend zur Geltung zu bringen. Er zeigt Drang nach Ansehen und Ehrgeiz, hat Schöpferkraft, Sinn für effektvolles Auftreten. Er will die erste Geige spielen, organisiert seinen Erfolg, strebt nach sozialem Prestige, ist gerecht und sehr großzügig. Sein Verlangen nach Macht kann anmaßend wirken, seine Eitelkeit und Selbstbewunderung kosten ihn Sympathie. Das Auftreten ist entsprechend theatralisch, und in der Familie kehrt er gern den Pascha heraus. Seine starken Gefühle verleiten ihn zum Spekulieren und zum Abenteuer. Er ist nicht frei von Egoismus.

Gesundheit: Die Vitalität des Löwen ist beträchtlich, jedoch ist er anfällig für Streß, der Herzstörungen bringen kann. Auch Blut-

armut, Rückenmarksleiden oder Gliederschmerzen sind überdurchschnittlich häufig. Kann er sich nicht richtig zur Geltung bringen, können ihm daraus gesundheitliche Probleme erwachsen.

A → 220   Jungfrau

Den eindeutigen Vertreter dieses Zeichens denkt man sich als Wis-
senschaftler, Buchhalter, Kritiker; denn er hat analytische Fähigkeiten, ist ein Verstandesmensch, den Liebe zum Detail auszeichnet,
der sorgfältig und korrekt handelt, dabei aber kritisch eingestellt
ist. Er liebt die Natur, ist voller Lerneifer, schätzt das einfache Leben und mag keine Experimente. Er setzt lieber auf Geduld und
Ausdauer als auf Abenteuer oder Spekulation. Seine Geschäfte
plant er gern auf lange Sicht. Er hat pädagogisches Talent.

Steht die Sonne am Geburtstag in schlechter Stellung, deutet sie
auf den Kleinigkeitskrämer und Nörgler hin, der unentschlossen ist,
daher Chancen verpaßt, der übelnimmt, geizig oder launisch ist.
Gesundheit: Die Nerven sind empfindlich, eingebildete Krankheiten häufig. Hautausschläge oder Magengeschwüre kommen vor,
vor allem wenn in der Zusammenarbeit der Jungfrautyp nicht recht
beachtet wird und sein Selbstgefühl leidet. Die Verdauung erfordert Aufmerksamkeit, da Neigung zu Verstopfung besteht.

A → 221   Waage

Der reine Waage-Typ ist ein geborener Gesellschafter. So braucht
er die anderen, um sich zu entfalten. Sein liebenswürdig-harmoni-
sches Wesen wird immer vom Verstand kontrolliert. Er gibt sich
herzlich, beherrscht als geborener Diplomat die Kunst des Um-
gangs mit anderen, der auf elegante Art vermittelt. Die Balance zu
halten, zu leben und leben zu lassen sind ihm Bedürfnis. Er paßt
sich an, hat einen guten Geschmack, ist künstlerisch begabt, mag
Farben, Bilder, Musik und Tanz und fällt durch angenehmes Äußeres auf.

Hat die Sonne kritische Aspekte, kann das Verlangen nach kultivierter Erotik zur Raffinesse werden. Eitelkeit, Launen, Schmeichelei, Genußsucht und Selbstgefälligkeit schaden ihm, die Liebe zum Luxus kostet zuviel Geld.

Gesundheit: Der geborene Feinschmecker entwickelt in reiferen Jahren eine Neigung zur Fülle. Krankheiten der Niere, des Harnleiters, der Blase sind häufig; auch Haut- und Gelenkleiden.

A → 222 **Skorpion**

Ein echter Skorpion vermag durch seinen ausgeprägten Charakter zu faszinieren, zumal etwas Geheimnisvolles in seiner Natur mitschwingt. Der unbedingte Wille zur Durchsetzung seiner Individualität, sein enormer Selbsterhaltungstrieb, Zähigkeit und Ausdauer, das sehr gefühlsbetonte Zweckdenken, Stolz und Selbstachtung sind hervorzuheben. Er ist der geborene Forscher, ein Psychologe, der um das »Stirb und Werde« weiß, für den Tod und Auferstehung keine Redensarten sind. Höhen und Tiefen des Daseins sind ihm vertraut.

Da er ständig unter Spannung steht, kann er in Extreme verfallen. Mißtrauen prägt seine Einstellung gegenüber anderen; er ist listenreich, rachsüchtig, aggressiv, eigensinnig und bei übertriebener Sinnlichkeit schrecklich eifersüchtig.

Gesundheit: Ein Genußmensch, der Spielball seiner Leidenschaften ist, muß oft dafür bezahlen. Häufig sind Unterleibs-, Hals- und Nasenkrankheiten, die Neigung zu Entzündungen, Hämorrhoiden, Vergiftungen. Aber Skorpion ist auch das Zeichen mit der stärksten Regenerationskraft.

A → 223 **Schütze**

Der Schütze wird so lange von Idealen geleitet, bis er sich lieber auf eine sichere soziale Position zurückzieht. Er ist herzlich im

– 203 –

Umgang, offen, optimistisch und aufgeschlossen und sehr selbstbewußt. Er verdankt seine Erfolge sowohl seiner Intuition wie auch seiner Handlungsbereitschaft und Beweglichkeit. Sein Organisationstalent ist bemerkenswert. An den Grundprinzipien Wahrheit und Gerechtigkeit läßt er nicht rütteln. Ein fairer Kämpfer, der den Sport und die Natur liebt, sich selbst und anderen gegenüber großzügig ist.

Eine ungünstig stehende Sonne weist auf zwiespältige Gefühle und eine leicht verletzbare Eitelkeit. Das läßt ihn launisch erscheinen, zu Übertreibungen neigen oder Opfer einer Selbsttäuschung werden. Dann neigt er auch zu Willkür, Verschwendung, Prahlerei und Spekulation.

Gesundheit: An Körperregionen unterstehen dem Schützen die Hüften und Oberschenkel, so daß Ischias, Gliederlähmung, Sportunfälle überdurchschnittlich häufig sind.

A → 224   Steinbock

Der echte Steinbock hat viel Sinn für die Wirklichkeit. Er konzentriert sich auf das Wesentliche, ist fleißig, verläßlich, ausdauernd, sparsam und sehr korrekt. Seine Energie setzt er methodisch ein und »klettert« langsam zu seinen ehrgeizigen Zielen. Ein Steinbock geht auf Nummer Sicher und scheut Experimente. Beste Berufsaussichten als Ingenieur, Hausverwalter, Baumeister oder Handwerker, in »erdgebundenen« Berufen.

Hat ein Steinbockgeborener die Sonne in kritischen Aspekten, denkt und handelt er egoistisch, neigt zur Selbstüberschätzung, ist eigensinnig, scheinheilig und kann infolge seines Mißtrauens anderen gegenüber nur schwer sein Herz öffnen.

Gesundheit: Chronische Krankheiten sind häufiger als akute, jedoch drohen Knochenbrüche, Verletzungen, besonders an Knien oder Gelenken, Rheumatismus, Erkältungskrankheiten, Haut- und Magenleiden, auch Stoffwechselstörungen.

A → 225 Wassermann

Es sind schon ungewöhnliche Menschenkinder, die sich als Wassermanngeborene den Planeten Uranus als »Patenonkel« gewählt haben: geistig regsam, aktiv, voller guter Einfälle, absolut keine Langweiler, sozusagen Originale, mit tiefem Sinn für das Uralte, Geheimnisvolle und Unergründliche – ihrer Zeit voraus. Für den Wassermann hat die Zukunft stets schon begonnen. Obwohl ein ausgesprochener Individualist, ist er ein blendender Gesellschafter, der etwas von modernen Lebensformen hält und für den Fortschritt alles bedeutet.

Eine schlecht gestellte Sonne deutet auf Überspanntheit und Unbeständigkeit. Eigenbrötelei läßt ihn als Exzentriker erscheinen. Wegen der Widersprüche in seinem Innern trifft er selten geradlinige Entscheidungen.

Gesundheit: Krankheiten des Herzens, des Rückens, des Kreislaufs, Durchblutungsstörungen, besonders Krampfadern treten häufig auf; er ist wetterfühlig und hat empfindliche Nerven.

A → 226 Fische

Fische sind gefühlvoll, beeindruckbar, gemütlich, bequem und gesellig, sie lieben den Humor und das Gespräch, treten bescheiden auf und vermögen sich für andere zu opfern. Ihre große Phantasie macht sie zu Träumern. Sie können sich in das Wesen anderer einfühlen und daher schwierige Situationen meistern. Wenn es darauf ankommt, sind Fische durchaus mutig und erfüllen ihre Pflichten pünktlich. Beruflich sind sie hervorragende Mitarbeiter, die anderen gern das Kommando überlassen.

Fische fühlen intuitiv ihre Schwächen und sind daher häufig Geheimniskrämer, die sich gerne in ihre eigene Welt zurückziehen. Der Hang zur Bequemlichkeit kann zu Rausch und zu Drogen verführen, das Gefühlschaos zum Spekulieren verleiten und dadurch Verluste herbeiführen.

Gesundheit: Die Anfälligkeit des Fische-Typs erstreckt sich nicht nur auf die Knöchel und Füße, auch die Därme sind betroffen. Seelische Erschütterungen begünstigen Depressionen und stören das körperliche Befinden.

Die zwölf Häuser des Horoskops

A → 227
Die zwölf Häuser dürfen mit den zwölf Tierkreiszeichen nicht verwechselt werden. Hier Ihre Bedeutung:

A → 228 Der Aszendent, die Spitze des 1. Hauses
Der **Aszendent** (Asz) ist der persönliche Punkt des Horoskops. Das Wort »Persona« heißt Maske. So läßt der Asz gewissermaßen erkennen, unter welcher Maske das Naturell des Horoskopeigners von der Umwelt, den anderen, gesehen wird. So hat der Asz auch Bezug darauf, wie sich der Horoskopeigner in seinem Milieu bewegt.

Aber der Asz sagt auch etwas aus über das körperliche In-Form-Sein, über die Konstitution, über die Gesundheit.

Zwischen dem Asz im Osten und dem Deszendenten oder Untergangspunkt im Westen verläuft der *Horizont*. Bezeichnet der Asz das Ich, so der Desz das Du.

Der Asz ist zugleich die Spitze des 1. Hauses, des ersten der zwölf Felder, die nacheinander innerhalb von 24 Stunden im Osten aufsteigen und dann die höchste Position einnehmen (»kulminieren«, d. h. das MC = Medium coeli = Himmelsmitte), im Westen wieder untergehen und zur Mitternacht im IC (Imum coeli = Tiefe des Himmels) sind.

A → 229 Das **1. Haus** ist das wichtigste des ganzen Horoskops, weil es das Wesen der Persönlichkeit kennzeichnet, denn an der

– 207 –

Spitze dieses Sektors liegt der erwähnte Aszendent, der Hinweise über die Mentalität gibt, den Willen und die Art, wie jemand auftritt. Daher hat dieses Feld auch Bezug zum Körperlichen, zur Konstitution und Gesundheit.

A → 230 Vom **2. Haus** könnte man sagen, daß es die »materiellen Reserven« bezeichnet, die ein Mensch zu seinem Lebensvollzug mitbekommen hat oder über die er verfügen kann. Dabei denkt man sofort an Geld oder Besitz, weshalb man auch vom »Geldhaus« spricht. Allerdings ist dies zu eng gesehen, denn Energie, Arbeitslust können auch ein beträchtliches »Kapital« darstellen.

A → 231 Aus dem **3. Haus** urteilt man seit jeher über nahe Verwandte oder über Nachbarn, auch über kurze Reisen, über alles, was uns mit unserer Umwelt verbindet und uns hilft, sie zu verstehen. So gehört auch das Studium in den Bereich des Sektors; der Verstand, den man dazu braucht, die Verträge abzuschließen, die uns an die Personen binden, mit denen wir es zu tun haben; die Briefe, die wir schreiben, die Reden, die wir halten.

A → 232 Das **4. Haus** beginnt in der Tiefe des Himmels (am IC), hat daher Geltung für die Schlußfolgerungen über das Herkommen, über die Wurzeln unserer Existenz. Daher nimmt es Bezug auf Elternhaus und Heimat, auf Ererbtes bzw. ererbte Anlagen – aber auch auf das eigene Heim und auf den letzten Lebensabschnitt, das Alter.

A → 233 Das **5. Haus** stellt dar, was aus dem Herzen und den Sinnen kommt, was mutvoll ist. Dazu zählen die Lust zum Abenteuer, die Sinnenfreude, wie sie aus der Liebe oder der Partnerbegegnung erwächst, die Leidenschaften, der Spieltrieb. Auch über Kinder wird aus diesem Sektor geurteilt. Es ist das Haus des Glücks und der Freude. Es ist wichtig für den Umgang mit Kindern, aber auch für das Urteil über die Kreativität.

A → 234 Das **6. Haus** gilt als »dunkles Feld«, da es das Notwendige verkörpert. Das Unerläßliche wird in Zusammenhang gebracht mit Pflicht und Gehorsam, mit dem Dienen, auch mit jenen Arbeitsverhältnissen, die nur Gelderwerb sind und nicht Beruf aus Berufung. Es ist ferner das eigentliche »Gesundheitshaus«, denn die Gesundheit ist als vom Ich, von unserer Natur abhängig zu begreifen. Das 6. Haus läßt Aussagen über Krankheiten zu, über körperliches Unvermögen, das uns behindert.

A → 235 Das **7. Haus** beginnt am Desz, der dem Asz gegenüber liegt. Hat das 1. Haus Bezug zum Ich, so das gegenüberliegende 7. zum Du. Es genügt nicht, in ihm das »Ehehaus« zu sehen. Es bezeichnet auch die Öffentlichkeit und die Bindungen an den Partner, z. B. Verträge; damit läßt es auch Aussagen über Prozesse etc. zu.

A → 236 Läßt der 2. Sektor auf materiellen Rückhalt schließen, auf die Reserven, so bedeutet das »dunkle« **8. Haus** deren Auflösung. Die Alten sprachen vom »Todeshaus«. Heute ist es nicht mehr üblich, über das Ableben zu urteilen. Es hat dieser Sektor aber auch mit den Bewußtseinsübergängen zu tun, er beinhaltet, »was nach dem Tode kommt«. Deswegen läßt sich hier über Mystisches und Verborgenes urteilen; auch über Erbschaften. In esoterischer Hinsicht ist das 8. Haus auf Karma und Wiedergeburt zu beziehen.

A → 237 Das **9. Haus** repräsentiert Weisheit, Gerechtigkeit, Religiosität. Damit ergänzt es den geistigen Bereich des gegenüberliegenden 3. Feldes. Die Welt der Gedanken wird hier ausgeweitet, was in praktischer Form durch Reisen oder Auslandsbeziehungen geschieht. Dies erklärt seine Bezeichnung »Reisehaus«. Im Zusammenhang mit der irdischen Gerechtigkeit ist es wichtig für Justiz- oder Behördenangelegenheiten, für Recht und Gesetz.

A → 238 Das **10. Haus** beginnt am MC, der Himmelsmitte, dem oberen Meridian. Meint das gegenüberliegende 4. Haus das Woher des Menschen, so drückt das 10. das Wohin aus. Aus ihm urteilt man, was ein Mensch aus seinem Leben machen kann, wie er seine Kräfte im Sinne einer sichtbaren Höherentwicklung einsetzt. So läßt das 10. Haus auf den Beruf aus Berufung schließen, auf die Karriere, den gesellschaftlichen bzw. sozialen Aufstieg. Es läßt, kurz gesagt, über Erfolg oder Mißerfolg im Leben als Tendenz urteilen. Ehrgeiz und Selbstbewußtsein kommen hier zum Tragen, Fähigkeiten und Begabungen sind unter dem Blickwinkel eines »Ertrags« zu sehen.

A → 239 Das **11. Haus** bezeichnet die umfassenden Glücksmöglichkeiten (das gegenüberliegende 5. nur die eigentlichen, im engeren Sinne). Man urteilt über Wohltaten, Hilfen und Förderung. Dazu gehören auch die echten Freundschaften. Im übrigen drückt es Sehnsucht, Wünsche und Hoffnungen aus.

A → 240 Das **12. Haus** schließt den Kreis, denn es endet am Asz. Es ist ein »dunkles Feld«, ein Haus der feindlichen Planeten, die kurz vor der Geburt im Osten aufgestiegen sind. Sie stehen noch zu sehr im Dunstkreis des Horizontes, als daß sie Glück verkünden könnten. Es ist das Haus der Sorgen, der schweren Krankheiten, des abgeschlossenen Lebens hinter Gittern oder in einer Klinik, widriger Lebensumstände oder Trennungen. Es bezeichnet den körperlichen Verfall im Greisenalter. Aber es hat nicht nur Bezug zum Ende. Es klärt auch Leid, wie zu Schicksalsschlägen Abstand gewonnen werden kann. Der Verzicht auf materielle Güter oder fragwürdige Werte im Sinne einer gewollten Entäußerung kann zu einer inneren Bereicherung führen.

Ihre Zukunftsaussicht nach den 12 Häusern des Horoskops

Es ist eine alte Erfahrung, daß sich der Mensch zumindest in groben Zügen in jedem *Lebens*jahr – bewußt oder unbewußt – einen anderen Schwerpunkt setzt oder gesetzt bekommt. Die zwölf »Häuser« des Horoskops, die nicht mit den bekannten zwölf Tierkreiszeichen verwechselt werden dürfen, stellen diese unterschiedlichen Bereiche oder Ebenen dar, auf denen sich die entscheidenden Ereignisse vollziehen.

Gemäß dieser astrologischen Auffassung wird für das erste Lebensjahr das 1. Haus des Horoskops wichtig, für das 2. Lebensjahr gilt dann das zweite, für das 3. Lebensjahr das dritte. Da es zwölf dieser »Häuser« gibt (sie werden auch »Sektoren« oder »Felder« genannt), entspricht das 13. Lebensjahr wieder dem 1. Haus usw. Dies setzt sich das ganze Leben hindurch fort.

Welches Haus ist momentan für Sie wichtig?

Überlegen Sie, wie alt Sie jetzt sind. Sagen wir, Sie sind jetzt 46. Dann ziehen Sie 12 soft von 46 ab, bis ein Rest bleibt: $3 \times 12 = 36$, Rest 10; also ist gegenwärtig das 10. Haus für Sie maßgebend. Oder: Sie sind 69 Jahre. $5 \times 12 = 60$, Rest 9. Mithin sind Sie »im 9. Haus«.

Die Merkworte zu den Grundprinzipien nach den Planeten

Merkur:

Astrologische Entsprechung: Bewegung, Vermittlung, Vernunft, Rede und Schrift, Geschäfte, Reise, sachliche Interessen, Kritik, Nerven

Venus:

Astrologische Entsprechung: Harmonie, Ausgleich, Hingabe, Liebe, Kunst, Vergnügen, Sinnenfreude, Erotik, Spiel

Mars:

Astrologische Entsprechung: Aufbauende und zerstörende Energie, Trieb und Drang, Initiative, Wille, Mut, Machtwille, Sex; Unfall, Verletzung, Fieber

Jupiter:

Astrologische Entsprechung: Expansion, Entfaltung, Recht, Gerechtigkeit, Fülle, Hoffnung, Finanzen, das Optimum, Ordnung, Autorität, Glück

Saturn:

Astrologische Entsprechung: Konzentration, Einengen, Einsicht, Hemmung, Bindung, Sicherheit, langsame Entwicklung, Vorsicht, Sorge, Mißtrauen, Krankheit, Einsamkeit, Alter, Unglück

Sonne:

Lebenskraft, Individualität, Machtstreben, Ehrgeiz, Verantwortung, das männliche Prinzip, Vater, Gatte, Herz, Kreislauf

Mond:

Astrologische Entsprechung: Seele, Phantasie, Gemüt, Wechsel, Heimat, das weibliche Prinzip, Mutter, Gattin, Volk, Fruchtbarkeit, Magen

Aszendent:

Astrologische Entsprechung: Das Ich, die stärkste Ausdrucksform des Willens, Habitus, Charakter, Gesundheit

Uranus:
Astrologische Entsprechung: Zufall, das Plötzliche, Überraschung, Umschwung, Erfindung, Neuigkeit, Wandel, Blitz, Krampf, Katastrophe

Neptun:
Astrologische Entsprechung: Inspiration, Humanität, Sehnsucht nach der Ferne, weite Reise, Ausland, Schwäche, Täuschung, Illusion, Intrige, Rausch

Pluto:
Astrologische Entsprechung: Höhere Gewalt, Zerstörung, radikale Umgestaltung, völlige Vernichtung, Macht und Masse

Mondknoten:
Astrologische Entsprechung: Anknüpfung, Verbindung, Gemeinsamkeiten, Zusammenarbeit, Zusammenleben, zwischenmenschliche Beziehungen

MC:
Astrologische Entsprechung: Maximaler Erfolg, Anerkennung, Aufstieg, Karriere, Wunscherfüllung, Vorteile, Protektion, Durchsetzung.

Die Planeten im Horoskop

1a   Sonne im Horoskop
Die **Sonne** symbolisiert die Persönlichkeit des Menschen in geistiger, moralischer und physischer Hinsicht. Sie repräsentiert das Ich, die Lebenskraft, Geist, Aktivität und gilt als Machtsymbol. Verletzt durch Aspekte gibt sie Hinweise auf Krankheitsneigun-

– 213 –

gen, auf die Einschränkung der Vitalität, aber auch auf Existenzsorgen.

1b   Mond im Horoskop

Der **Mond** symbolisiert vor allem die Seele. Er bezieht sich auf Gefühl, Phantasie, Vorstellungsgabe, auf die Wärme des Gemüts, auf
Hingabefähigkeit, auf Traum und Erlebnistiefe. Der Mond bedeutet
das weibliche Prinzip und steht im Horoskop für die Frau oder
Mutter. Ihm entsprechen die passive Einstellung und rhythmisches
Erleben, aber auch Wechsel, Veränderungen, Reise und Beziehungen zum Volk.

1c   Merkur im Horoskop

Merkur nimmt als »Vermittler« viel vom Wesen seines Aspektpart-
ners an. Für sich genommen weist er auf Gewandtheit im Ausdruck, in Wort und Schrift, auf geistiges Streben, Lernwillen, Vielseitigkeit und diplomatisches Verhalten. In Verbindung mit Mars,
Saturn, Neptun, Pluto bedeutet er Lüge, List, Unaufrichtigkeit, Gerissenheit, Zersplitterung, Neigung zu Nervosität und zu verletzender Kritik. Als Intelligenzsymbol sagt er auch aus über Erfindungsgabe. Er hat Bezug zur Anpassung, zu Kontaktfähigkeit und
kaufmännischer Begabung (Geschäfte).

1d   Venus im Horoskop

Venus ist das »kleine Glück«, das Annehmlichkeiten und leichtes
Leben verspricht. Venus bedeutet Schönheitssinn, Ästhetisches,
Sympathie, Harmonie, Liebe, Kunst, Musik, Lebensfreude, Zärtlich-
keits- und Hingabewünsche, erotische Anziehung, doch auch Streben nach Idealen, Menschenliebe und Verlangen nach Geselligkeit
und Freundschaft. In schlechter Position weist Venus auf Genußsucht, Verschwendung, Vergnügungslust, Leichtsinn, Putzsucht,
Übertreibung im Sexuellen oder auf erotisch bedingte Neurosen hin.

– 214 –

1e   Mars im Horoskop

Mars ist das Symbol für die aufbauende wie für die zerstörende Energie, für Trieb und Drang, Heftigkeit, Wille, Impuls, Mut zur Entscheidung und Handlungsbereitschaft. Mars kann anzeigen, ob man das Dasein aktiv und positiv gestaltet oder ob man sich treiben läßt. Dem Feuer seiner Leidenschaften und der Lust zu körperlicher Entfaltung, dem Mut zum Angriff und der Schärfe der Argumente im geistigen Bereich stehen negativ gegenüber das Überborden der Kräfte, die allzu große Sinnlichkeit und Heftigkeit der Reaktionen. Ein vorschnelles und ungenaues Urteilen, auch Grausamkeit und Brutalität. Mars kann weit voranbringen, in böser Stellung aber auch Freude am Konflikt, an Bosheit und Hinterlist bedeuten.

1f   Jupiter im Horoskop

Jupiter wird in guter Position zum »großen Glück«, denn er ist der Harmonisierer. Jupiter bedeutet Gesetz, Recht, Religion, Sitte und Moral, Wohlwollen und Güte, er läßt das Maß der Glücksfähigkeit vermuten. Die schlechten Jupiterkonstellationen lassen Verschwendung, unsoziales Verhalten, materialistische Einstellung, Unmoral, Unsittlichkeit, Unglauben und Zweifel erkennen.

1g   Saturn im Horoskop

In positiver Hinsicht ist das Wesen des »Schicksalsplaneten« **Saturn** mit Einsicht, Erfahrung, Reife, Pflichterfüllung, Weisheit, Ernst, Konzentration, Ausdauer und Fleiß zu umschreiben. Ein ausgeprägtes Gewissen läßt nach letzten Erkenntnissen streben und begünstigt das geduldige Ausharren. In schlechter Position bedeutet Saturn Pessimismus, Trennung, Mißtrauen, Zermürbung, die großen Prüfungen im Leben, Sorgen und Not, Leid und Hindernisse, Verzögerungen und Erschwerungen.

1h Uranus im Horoskop

Uranus symbolisiert die Gewalt, die große Kraft, die plötzlich und mit Vehemenz in Erscheinung tritt, sei es als Zufall oder Überraschung, als Blitz oder Kampf, als Mißgeschick oder Katastrophe. Uranus ist das Symbol übergroßer Dynamik. Ihm unterstehen Intuition, neue, progressive Ideen, Revolutionäres und Geniales. Er bezieht sich auf das Uralte wie auf das Ultramoderne, auf Elektrizität, Verkehr, Computer.

1i Neptun im Horoskop

Neptun bedeutet umfassende Menschenliebe, aber auch das Hinabtauchen in Romantik und Mystik, feingeistige Schwingungen, Inspiration und Einfühlungsfähigkeit. Oft ist die Grenze schwer zu bestimmen, wo der Schwindel beginnt, denn Neptun bezieht sich auch auf Schwächen, Illusion, Rausch, Gifte, Täuschung, Intrigen, Ansteckung, Lähmung und Haltlosigkeit.

1j Pluto im Horoskop

Pluto hat meist etwas Subtiles und mit logischen Begriffen schwer Faßliches an sich. Plutonisch sind »Macht und Masse«, die unfaßbare Gewalt, ein »Super-Mars«. Er arbeitet im Horoskop auf sehr tiefer Ebene, so daß sich sein »Wirken« dem Außenstehenden entzieht. Aber immer symbolisiert er eine konzentrierte Kraft. Seine Energie kommt aus einer nicht einsehbaren, transzendentalen Quelle. Plutonische Energien zeigen sich immer in Begriffen von Gegensätzen wie Licht und Dunkelheit, Freud und Leid; die spektakuläre Schau, der unvermeidbar der Rückschlag folgt. Plutos Kraft kann nur kreativ angewendet werden, wenn der Anwender genügend geistigorientiert ist, denn die einzigen Erfahrungsbereiche, in denen Plutos Kraft ohne negative Rückwirkung nutzbar gemacht werden kann, sind geistige Entwicklung und Tiefenheilung.

1k   Mondknoten im Horoskop

Die **Mondknoten** (es gibt zwei, doch wird nur der aufsteigende beachtet) haben Bezug zum Gemeinschaftsleben, zur Zusammenarbeit.

1l   Aszendent

Der **Asz** ist der persönliche Punkt des Horoskops. Das Wort »Persona« heißt Maske. Durch den Asz läßt sich gewissermaßen erkennen, unter welcher »Maske« das Naturell des Horoskopeigners von den anderen gesehen wird.

1m   MC, Medium Coeli
         Himmelsmitte und Kulminationspunkt

Das **MC** zeigt an, was ein Mensch aus seinem Leben machen kann, wie er seine Kräfte im Sinne einer sichtbaren Höherentwicklung einsetzt. So läßt das MC auf den Beruf aus Berufung schließen, auf die Karriere, den gesellschaftlichen bzw. sozialen Aufstieg. Es läßt, kurz gesagt, über Erfolg oder Mißerfolg im Leben als Tendenz urteilen. Ehrgeiz und Selbstbewußtsein kommen hier zum Tragen, Fähigkeiten und Begabungen sind unter dem Blickwinkel eines »Ertrags« zu sehen.

Übersicht über die astrologische Zuordnung der einzelnen Karten

Lfd. Karte Nr.	Astrologische Entsprechung	Deutung erfolgt allgemein positiv; bzw. siehe Bemerkung
Karokarten sind Merkur-Karten		
1　K – As	ASZ mit Merkur/Zwill.	
2　K – König	Sonne mit Merkur/Zwill.	
3　K – Dame	Mond mit Merkur/ Zwill.	
4　K – Bube	Merkur in Zwillinge	
5　K – 10	MC mit Merkur	
6　K – 9	Venus mit Merkur	positiv/negativ; je nach Umfeld
7　K – 8	Pluto mit Merkur	
8　K – 7	Uranus mit Merkur	positiv/negativ; je nach Umfeld
9　K – 6	Jupiter mit Merkur	
10　K – 5	Mars mit Merkur	negativ
11　K – 4	Saturn mit Merkur	
12　K – 3	Neptun mit Merkur	
13　K – 2	Mondknoten mit Merkur	

Lfd. Karte Nr.	Astrologische Entsprechung	Deutung erfolgt allgemein positiv; bzw. siehe Bemerkung

Treffkarten sind Jupiter-Karten

14 T – As	ASZ mit Jupiter	positiv/negativ; je nach Umfeld
15 T – König	Sonne mit Jupiter	
16 T – Dame	Mond mit Jupiter	positiv/negativ; je nach Umfeld
17 T – Bube	Merkur mit Jupiter	
18 T – 10	MC mit Jupiter	positiv/negativ; je nach Umfeld
19 T – 9	Venus mit Jupiter	
20 T – 8	Pluto mit Jupiter	positiv/negativ; je nach Umfeld
21 T – 7	Uranus mit Jupiter	
22 T – 6	Jupiter in Schütze	
23 T – 5	Mars mit Jupiter	positiv/negativ; je nach Umfeld
24 T – 4	Saturn mit Jupiter	
25 T – 3	Neptun mit Jupiter	überwiegend negativ zu deuten
26 T – 2	Mondknoten mit Jupiter	

Lfd. Karte Nr.	Astrologische Entsprechung	Deutung erfolgt allgemein positiv; bzw. siehe Bemerkung

Herzkarten sind Mond/Venus-Karten

Lfd. Karte Nr.	Astrologische Entsprechung	Deutung erfolgt allgemein positiv; bzw. siehe Bemerkung
27 H – As	ASZ mit Mond/Venus	
28 H – König	Sonne mit Mond/Venus	
29 H – Dame	Mond mit Venus	
30 H – Bube	Merkur mit Mond/Venus	
31 H – 10	MC mit Mond/Venus	
32 H – 9	Venus mit Mond	
33 H – 8	Pluto mit Mond/Venus	
34 H – 7	Uranus mit Mond/Venus	überwiegend negativ zu deuten
35 H – 6	Jupiter mit Mond/Venus	
36 H – 5	Mars mit Mond/Venus	überwiegend negativ zu deuten
37 H – 4	Saturn mit Mond/Venus	
38 H – 3	Neptun mit Mond/Venus	überwiegend negativ zu deuten
39 H – 2	Mondknoten mit Mond/ Venus	

Lfd. Karte Nr.	Astrologische Entsprechung	Deutung erfolgt allgemein positiv; bzw. siehe Bemerkung

Pikkarten sind Saturn-Karten

Lfd. Karte Nr.	Astrologische Entsprechung	Deutung erfolgt allgemein positiv; bzw. siehe Bemerkung
40 P – As	ASZ mit Saturn/Mars	überwiegend negativ zu deuten
41 P – König	Sonne mit Saturn	
42 P – Dame	Mond mit Saturn	überwiegend negativ zu deuten
43 P – Bube	Merkur mit Saturn	überwiegend negativ zu deuten
44 P – 10	MC mit Saturn	positiv/negativ; je nach Umfeld
45 P – 9	Venus mit Saturn	positiv/negativ; je nach Umfeld
46 P – 8	Pluto mit Saturn	überwiegend negativ zu deuten
47 P – 7	Uranus mit Saturn	überwiegend negativ zu deuten
48 P – 6	Jupiter mit Saturn	positiv/negativ; je nach Umfeld
49 P – 5	Mars mit Saturn	überwiegend negativ zu deuten
50 P – 4	Saturn im Steinbock	
51 P – 3	Neptun mit Saturn	positiv/negativ; je nach Umfeld
52 P – 2	Mondknoten mit Saturn	

Konstellationen = Kombinationen

Übersicht über die Planeten und ihre Aspektverbindungen sowie deren Übertragung auf die Karten

vgl. A →

1a	Sonne
1b	Mond
1c	Merkur
1d	Venus
1e	Mars
1f	Jupiter
1g	Saturn
1h	Uranus
1i	Neptun
1j	Pluto
1k	Mondknoten

vgl. A →	Aspekt:	Karte:
2	Sonne g. Mond/Venus	H – Kg
3	Sonne ug. Mond/Venus	H – Kg
4	Sonne ug. Merkur	K – Kg
5	Sonne ug. Merkur	K – Kg
6	Sonne g. Jupiter	T – Kg
7	Sonne ug. Jupiter	T – Kg
8	Sonne g. Saturn	P – Kg
9	Sonne ug. Saturn	P – Kg
10	Mond g. Merkur	K – D
11	Mond ug. Merkur	K – D
12	Mond g. Venus	H – D
13	Mond ug. Venus	H – D

vgl. A →	Aspekt:	Karte:
14	Mond g. Jupiter	T – D
15	Mond ug. Jupiter	T – D
16	Mond g. Saturn	P – D
17	Mond ug. Saturn	P – D
18	Merkur g. Zwillinge	K – B
19	Merkur ug. Zwillinge	K – B
20	Merkur g. Mond/Venus	H – B
21	Merkur ug. Mond/Venus	H – B
22	Merkur g. Jupiter	T – B
23	Merkur ug. Jupiter	T – B
24	Merkur g. Saturn	P – B
25	Merkur ug. Saturn	P – B
26	Merkur g. Medium Coeli	K – 10
27	Merkur ug. Medium Coeli	K – 10
28	Venus g. Merkur	K – 9
29	Venus ug. Merkur	K – 9
30	Venus g. Mond	H – 9
31	Venus ug. Mond	H – 9
32	Venus g. Jupiter	T – 9
33	Venus ug. Jupiter	T – 9
34	Venus g. Saturn	P – 9
35	Venus ug. Saturn	P – 9
36	Venus g. Medium Coeli	H – 10
37	Venus ug. Medium Coeli	H – 10
38	Mars g. Merkur	K – 5
39	Mars ug. Merkur	K – 5
40	Mars g. Mond/Venus	H – 5
41	Mars ug. Mond/Venus	H – 5
42	Mars g. Jupiter	T – 5
43	Mars ug. Jupiter	T – 5

vgl. A →	Aspekt:	Karte:
44	Mars g. Saturn	P – 5
45	Mars ug. Saturn	P – 5
46	Jupiter g. Merkur	K – 6
47	Jupiter ug. Merkur	K – 6
48	Jupiter g. Mond/Venus	H – 6
49	Jupiter ug. Mond/Venus	H – 6
50	Jupiter g. Schütze	T – 6
51	Jupiter ug. Schütze	T – 6
52	Jupiter g. Saturn	P – 6
53	Jupiter ug. Saturn	P – 6
54	Jupiter g. Medium Coeli	T – 10
55	Jupiter ug. Medium Coeli	T – 10
56	Saturn g. Merkur	K – 4
57	Saturn ug. Merkur	K – 4
58	Saturn g. Mond/Venus	H – 4
59	Saturn ug. Mond/Venus	H – 4
60	Saturn g. Jupiter	T – 4
61	Saturn ug. Jupiter	T – 4
62	Saturn g. Steinbock	P – 4
63	Saturn ug. Steinbock	P – 4
64	Uranus g. Merkur	K – 7
65	Uranus ug. Merkur	K – 7
66	Uranus g. Mond/Venus	H – 7
67	Uranus ug. Mond/Venus	H – 7
68	Uranus g. Jupiter	T – 7
69	Uranus ug. Jupiter	T – 7
70	Uranus g. Saturn	P – 7
71	Uranus ug. Saturn	P – 7
72	Neptun g. Merkur	K – 3
73	Neptun ug. Merkur	K – 3

vgl. A →	Aspekt:	Karte:
74	Neptun g. Mond/Venus	H – 3
75	Neptun ug. Mond/Venus	H – 3
76	Neptun g. Jupiter	T – 3
77	Neptun ug. Jupiter	T – 3
78	Neptun g. Saturn	P – 3
79	Neptun ug. Saturn	P – 3
80	Pluto g. Merkur	K – 8
81	Pluto ug. Merkur	K – 8
82	Pluto g. Mond/Venus	H – 8
83	Pluto ug. Mond/Venus	H – 8
84	Pluto g. Jupiter	T – 8
85	Pluto ug. Jupiter	T – 8
86	Pluto g. Saturn	P – 8
87	Pluto ug. Saturn	P – 8
88	Mondknoten g. Merkur	K – 2
89	Mondknoten ug. Merkur	K – 2
90	Mondknoten g. Mond/Venus	H – 2
91	Mondknoten ug. Mond/Venus	H – 2
92	Mondknoten g. Jupiter	T – 2
93	Mondknoten ug. Jupiter	T – 2
94	Mondknoten g. Saturn	P – 2
95	Mondknoten ug. Saturn	P – 2
96	Aszendent g. Merkur	K – As
97	Aszendent ug. Merkur	K – As
98	Aszendent g. Mond/Venus	H – As
99	Aszendent ug. Mond/Venus	H – As
100	Aszendent g. Jupiter	T – As
101	Aszendent ug. Jupiter	T – As
102	Aszendent g. Saturn/Mars	P – As
103	Aszendent ug. Saturn/Mars	P – As

Deutungen

2   Sonne günstig mit Mond/Venus   **H – Kg**
Die Grundzüge des Charakters sind harmonisch. Es besteht ein inneres Gleichgewicht, weil Geist und Gefühl aufeinander abgestimmt sind. Das Verhältnis zur Umwelt ist gut, die Voraussetzungen für die Ehe sind günstig; Anzeichen für Aufstieg im Leben und Anerkennung; günstig für Vergnügen, Geselligkeit, und eine starke Anziehungskraft auf das andere Geschlecht.

3   Sonne ungünstig mit Mond/Venus   **H – Kg**
Zwiespalt, seelische Konflikte, auch Charakterschwächen, starke Differenzen mit Vater, Mutter oder dem Ehepartner, zwischen Beruf und eigenen Interessen, mit Vorgesetzten; viele Streitigkeiten. Disharmonie zwischen äußerem Schein und innerem Wert oder Differenzen im Liebesleben.

4   Sonne günstig mit Merkur   **K – Kg**
Gedankenkraft und Wunsch nach persönlichen Kontakten. Der Verstand ist klar, die intellektuellen Fähigkeiten sind überzeugend, es gibt gute geschäftliche und praktische Anlagen, aber auch künstlerische Entwicklungsmöglichkeiten.

5   Sonne ungünstig mit Merkur   **K – Kg**
Fähigkeit zur Kommunikation, aber Zersplitterung der Gedanken, Nervosität. Zu unkonzentriert arbeiten, Anlaß zu Nachrede geben.

6   Sonne günstig mit Jupiter   **T – Kg**
Die Konstellation spricht für Glück und Freude, für Erfolg und Anerkennung, Aufstieg im Leben, für gute sittliche Qualitäten und eine eher konservative Gesinnung. Gute geistige Führung, aber auch fördernde Umstände sorgen für Erfolge.

– 226 –

7 Sonne ungünstig mit Jupiter   **T – Kg**

Nachlässigkeit oder Leichtsinn, eine zu anspruchsvolle Einstellung, Neigung zum Widerspruch. Differenzen mit der Umgebung wie mit Vorgesetzten, eine Abneigung gegen jede Einschränkung und Anpassung sowie Auflehnung gegen Autorität und Gesetz erklären den Mangel an Protektion. Die eigene Launenhaftigkeit führt zu Konflikten.

8 Sonne günstig mit Saturn   **P – Kg**

Festigkeit, Entschiedenheit, Kampf um die Selbstbehauptung, Vertiefung und Drang zur Zurückgezogenheit. Zwar Anzeichen für einen langsamen, schwer zu erkämpfenden Aufstieg bei nur geringer Hilfe durch andere, doch winkt ein Endsieg, und die erreichte Position ist sicher. Auch reicht die Vitalität für ein langes Leben.

9 Sonne ungünstig mit Saturn   **P – Kg**

Meistens ein Anzeichen für gesundheitliche oder andere Probleme in der Kindheit, oft auch im Hinblick auf den Einfluß des Vaters. Oder es gab Tabus, Verbote u. ä., die lange nachwirkten und erst im Laufe der Zeit aufgearbeitet wurden. Möglich, daß auch Ihre Gesundheit nicht kräftig war.

Hindernisse im Selbstausdruck, erschwerte Liebesbeziehungen oder in der Karriere. Pessimistische Einstellung als Folge von Mißgeschicken. Verbitterung oder spartanische Lebenseinstellung.

10 Mond günstig mit Merkur   **K – D**

Gute Auffassung, rasches Denken, Beweglichkeit, ein gutes Vergleichsvermögen. Auch eine vernünftige Lebensweise und Erfolge auf geistigem wie praktischem Gebiet. Sich gut in das Wesen anderer einfühlen können.

11   Mond ungünstig mit Merkur   **K – D**
Gegensatz von Gefühl und Verstand, von Neigung und Pflicht, von
Interessen und Beruf. Auf der einen Seite steht Beliebtheit, auf der
anderen stehen Anfeindungen oder unangenehme Erfahrungen in
der Liebe. Unverstandensein kann zu einem einsamen Leben verleiten.

12   Mond günstig mit Venus   **H – D**
Ein harmonisches liebevolles Naturell, Sympathie anderer, Sinn für
die Realität, künstlerische Neigungen und die Chance, eine harmonische Ehe zu führen. Einfühlung in das Wesen anderer. Freude
an Geselligkeit und Vergnügen.
   Wichtige Entscheidungen werden mehr mit dem Herzen als mit
dem Verstand getroffen. Freude an schönen Dingen, Sinn für
Harmonie und Ästhetik. Charme.

13   Mond ungünstig mit Venus   **H – D**
Launenhaftes Wesen, ungünstige Erfahrungen in Geld- und Liebesangelegenheiten, wobei meistens zu sehr den gefühlsmäßigen
Regungen gegenüber notwendigen Vernunftsentscheidungen nachgegeben wird. Ausgaben für Luxus und Unnützes; Oberflächlichkeit und Leichtsinn.

14   Mond günstig mit Jupiter   **T – D**
Beliebtheit, Vorteile in Verbindungen mit Behörden oder staat-
lichen Einrichtungen bzw. durch Verträge und somit auch in der
Ehe.

15   Mond ungünstig mit Jupiter   **T – D**
Disharmonie, Unbeliebtheit und Neigung zu Streit; auflehnende
Haltung gegenüber Autoritäten. Sich durch Einmischung und
Launen unbeliebt machen.

– 228 –

16 Mond günstig mit Saturn   **P – D**

Bestrebungen, alles zu erhalten und zu sichern, erst Erfahrungen zu sammeln und dann zu handeln, verantwortungsbewußt zu sein und tüchtig die eigenen Interessen zu vertreten. Erfolge ergeben sich durch nüchterne und sachliche Einstellung und Geduld.

17 Mond ungünstig mit Saturn   **P – D**

Ein unzufriedener, gefühlskalter, eigensinniger, teils nachlässiger Charakter, sorgenvolles Wesen, Angst vor der Zukunft, Neigung zu Depressionen. Der Wunsch, ein zurückgezogenes Leben zu führen, weil Menschen oder Verhältnisse beengen. Unversöhnlichkeit und Befangensein in alten Fehlern erschweren den Kontakt. Schlechte wirtschaftliche Aussichten.

18 Merkur günstig mit Zwillinge   **K – B**

Flinker Verstand, vielseitige Interessen, überall dabei sein wollen, Informationsbedürfnis, Vorteile durch Studien und Geschäfte, jugendliche Begeisterung.

19 Merkur ungünstig mit Zwillinge   **K – B**

Zersplitterung der geistigen Kräfte, Nervosität, sich zuviel vornehmen, Launen, Wandel in der Auffassung, Stimmungsschwankungen.

20 Merkur günstig mit Mond/Venus   **H – B**

Gute Auffassung, rasches Denken, Beweglichkeit, ein gutes Vergleichsvermögen, auch eine vernünftige Lebensweise und Erfolge auf geistigem wie praktischem Gebiet.

Ausgewogene Entscheidungen, was Herz und Verstand angeht. Reiselust, Kommunikationsbedürfnis, Auslandserfahrungen, viel kreative Phantasie, die auch beruflich ausgewertet werden kann.

– 229 –

21   Merkur ungünstig mit Mond/Venus   H – B
Unbewußte Motivationen beeinflussen das bewußte Denken und
Handeln. Es mangelt an Objektivität, das Denken ist zu sehr in der
Vergangenheit befangen.
Rührselige Sentimentalität beeinflußt die klaren Gedan-
kengänge. Zu sorgloser Umgang mit Geld und Gut, Mangel an
Pflichterfüllung.

22   Merkur günstig mit Jupiter   T – B
Weite Gedanken, geistige Anregungen, Lernerfolge, kaufmännischer Vorteil, Reise.

23   Merkur ungünstig mit Jupiter   T – B
Mißstimmung, Vorurteil, Verdruß auf einer Reise, durch ein Schriftstück oder einen Vertrag.

24   Merkur günstig mit Saturn   P – B
Langsames Denken, aber sichere kleine Schritte. Sich mit wenig
zufrieden geben.
Eine nüchterne Einstellung, Zurückhaltung der Mittel, sich ungern mündlich und schriftlich äußern.

25   Merkur ungünstig mit Saturn   P – B
Behinderungen, Befangenheit im Denken und Handeln, Ärger
durch Briefe, Schriftliches, in Kontakten, bei Besuchen und auf
Reisen. Schmalspurdenken, Vorurteile, Schaden durch Intrigen.

26   Merkur günstig mit Medium Coeli   K – 10
Der Verstand arbeitet klar, die intellektuellen Fähigkeiten sind
überzeugend, es gibt gute geschäftliche und praktische Anlagen,
daher auch berufliche Erfolge, doch auch künstlerische Entwicklungsmöglichkeiten.

27 Merkur ungünstig mit Medium Coeli   K – 10
Die geistigen Fähigkeiten werden nicht richtig eingesetzt, zu nervös, um geschäftliche Erfolge zu haben.

28 Venus günstig mit Merkur   K – 9
Gewandt im Ausdruck, literarisch wie diplomatisch begabt, genießt die Gesellschaft, Sinn für alles Schöne.

29 Venus ungünstig mit Merkur   K – 9
Nützlichkeitsdenken überwiegt die Herzenswünsche, Zusammenhänge werden nicht gesehen, es wird zuviel Wert auf Geselligkeit gelegt.

30 Venus günstig mit Mond   H – 9
Schönheit und Zartheit des Gefühlsausdrucks, tiefes Mitgefühl, Verlangen nach Harmonie, guter Geschmack, Spaß am Kochen, am schönen Heim, an Kunst und Musik. Schauspielerische Begabung.

31 Venus ungünstig mit Mond   H – 9
Zu vertrauensselig, sich ausnutzen lassen; starke erotische Bedürfnisse lassen es mit der Treue nicht so genau nehmen. Verdruß und Ärger wegen unmoralischer Wünsche; Begehrlichkeit.

32 Venus günstig mit Jupiter   T – 9
Großzügige, optimistische, fröhliche Einstellung, auch gegenüber anderen. Freude an Geselligkeit und Genüssen, Glück in der Liebe. Sie können andere glücklich machen, zeigen auch viel Mitgefühl.

33 Venus ungünstig mit Jupiter   T – 9
Genußsucht, Prachtliebe, zu große Ausgaben, rechtliche Schwie-

– 231 –

rigkeiten, Ärger im Zusammenleben, Gefühlsheuchelei, Verschwendung.

34   Venus günstig mit Saturn   P – 9
Bindung an erfahrenen Partner, Altersunterschied gibt Sicherheit, wenig Freude an Vergnügungen und Luxus, einfaches Leben befriedigt.

35   Venus ungünstig mit Saturn   P – 9
Steifheit und Förmlichkeit im Umgang, Hemmungen, materielle Notlage.

Liebeskummer, Sorgen, Probleme mit der Treue; sich zu sehr an einen Partner klammern, dabei auch selbst unter Druck und Mangel an Freiheit leiden. Krankheit.

36   Venus günstig mit Medium Coeli   H – 10
Popularität: Man »wird gesehen«. Berufliche oder gesellschaftliche Vorteile durch Frauen. Die Karriere steht mit dem Familienleben in engem Zusammenhang. Günstig für künstlerische Tätigkeit oder Public Relations.

37   Venus ungünstig mit Medium Coeli   H – 10
Emotionale Gewohnheitsmuster dürften die Familie bisweilen verärgert haben, oder es gab bzw. gibt Spannungen, die man selbst nicht einsehen kann, da sie aus dem Unbewußten kommen. Schwierigkeiten beim beruflichen oder gesellschaftlichen Aufstieg, mit Einladungen oder wenn es gilt, von anderen gerecht beurteilt zu werden.

38   Mars günstig mit Merkur   K – 5
Scharfer Verstand und viel geistige Energie. Sie fällen klare Entscheidungen, debattieren gern, sagen unverblümt die Meinung

und sind vehement in ihrer Ausdrucksweise; Sie kommen rasch zum Kern einer Sache.

39 Mars ungünstig mit Merkur   K – 5
Allzu kritisch, allzu voreilig, streitsüchtig, nervös, frustriert, wenn die eigene Auffassung sich nicht durchsetzt.

40 Mars günstig mit Mond/Venus   H – 5
Kraftvolles und zielbewußtes Wesen. Es wird aus dem inneren Gefühl heraus offen, ehrlich, aufrichtig, streng gegen sich und andere gehandelt. Unter einer rauhen Schale verbirgt sich ein weicher Kern. Eine starke Gefühlsnatur, in der das Triebhafte mit dem Prinzip der Anziehung gekoppelt ist. Das bedeutet zunächst ganz allgemein Kreativität. Sie kann sich erotisch zeigen, auf gesellschaftlichem Gebiet oder künstlerisch. Auf alle Fälle ein von Liebe zum Leben erfülltes Naturell. Das Körperliche spielt eine große Rolle.

41 Mars ungünstig mit Mond/Venus   H – 5
Beherrschendes Verlangen nach Hingabe und Wärme führt zu aggressiven Anwandlungen. Ein beirrbarer sexueller Wahlinstinkt führt zu Fehler bei der Partnerwahl. Probleme in Liebe und Ehe. Zu große Ausgaben. Trennungen.

42 Mars günstig mit Jupiter   T – 5
Die Fähigkeit, praktische Aufgaben mit Energie und Begeisterung anzupacken, also konstruktiv zu handeln. Die Dynamik ist vereinfachend, was die aufbauende Kraft verstärkt. Mögen auch die Leistungen nicht immer sogleich anerkannt werden, sind sie doch da. Ehrgeiz erstreckt sich nicht zuletzt auch auf die Selbstverwirklichung, mag diese auch mit Umgruppierungen, Trennung etc. verbunden sein. Man will den Sieg.

– 233 –

43   Mars ungünstig mit Jupiter   T – 5
Negativer Einfluß auf Trieb und Drang, auf die Leistungsenergie.
Dem Jupiter entspricht der expansive Drang nach Verwirklichung,
dem Mars mehr der Schwung, die Wucht des Einsatzes. So muß
man annehmen, daß eine ungewöhnliche Spannung vorliegt, die
gefährdet, übertreibt. Aber es liegt auch ein Konflikt auf der Wil-
lensebene vor, durch den die Kompromißbereitschaft beeinträchtigt werden kann. Diese Karte ist Ausdruck von Aggression und
erhöhter Reizbarkeit. Die Konsequenz sind streitbare Auseinandersetzungen, wenig günstig für juristische Prozesse. Doch es kann
auch zu unprovozierten »Zusammenstößen« kommen. Die Lösung
liegt im Erkennen notwendiger Kompensation und dementsprechend in der Lenkung der Energie. So will auch Duldsamkeit gegenüber Rivalen gelernt sein. Möglich auch, daß die Ansprüche
größer sind als das Können, daß das Begehren sehr weit, zu weit
greift. Auch eruptive Ausbrüche, wenn Verrat oder Hintergehung
offenbar werden.

44   Mars günstig mit Saturn   P – 5
Es können wohl gewaltige Anstrengungen voranbringen, doch
werden die Ziele sehr eng gesehen. Der Verzicht auf Hilfe durch
andere bringt mehr Schaden als Nutzen.

45   Mars ungünstig mit Saturn   P – 5
Mit dem Kopf durch die Wand wollen. Unfallneigung, Gefahren,
Schaden durch zu große Belastungen. Trennung oder viele Probleme mit anderen. Gefahr eines Unfalls oder einer ernsten Erkrankung, Operationsneigung.

46   Jupiter günstig mit Merkur   K – 6
Zweck und Sinn gehen damit eine harmonische Verbindung ein.
Der »Sinn des Daseins« soll möglichst den praktischen Einzelauf-

– 234 –

gaben angepaßt werden. Ihre Vorzüge liegen nicht so sehr in einer tiefen, vielmehr in einer ausgeglichenen Geistesverfassung. Ihre loyale Einstellung, verbunden mit Fleiß, tragen Sie über den Durchschnitt hinaus; ausgesprochene Erfolgschancen. Über dem Guten und Sinnvollen wird selten das Nützliche außer acht gelassen.

Der Bildungserwerb ist begünstigt, beruflich denkbar beste Voraussetzungen. Auch Reiselust. Erfolge stellen sich dank eines geistigen Optimismus ein bzw. durch »positives Denken«.

47 Jupiter ungünstig mit Merkur   K – 6

Manche Ideen fallen zu hochgestochen aus. Sie lassen sich nicht realisieren. Pläne mögen dadurch nicht immer bis ins Detail durchgearbeitet sein. Das Bestreben, Großes zu erreichen, läßt Aktionen starten, die dann doch nicht durchgehalten werden. Allzugroße Eile erweist sich als schädlich. Wohl sind Sie großzügig in Ihrem Denken und in Ihren Auffassungen. Aber die Proportionen stimmen nicht immer. Deshalb müssen Sie bei der Unterzeichnung von Verträgen sehr auf der Hut sein und sollten es auch nicht zu Prozessen und rechtlichen Auseinandersetzungen kommen lassen.

48 Jupiter günstig mit Mond/Venus   H – 6

Eine glückliche Veranlagung, allgemeine Beliebtheit, Vitalität, Vorteile in Verbindung mit Behörden oder staatlichen Einrichtungen bzw. durch Verträge und somit auch in der Ehe.

49 Jupiter ungünstig mit Mond/Venus   H – 6

Disharmonie, Unbeliebtheit und Neigung zu Streit. Schaden durch Sorglosigkeit oder aus Pflichtverletzung. Selbstbeherrschung ist nötig, um nicht durch zu große und ungerechtfertigte Ansprüche Ärger zu bekommen.

50   Jupiter günstig mit Schütze   **T – 6**
Freude, Gesundheit, aus dem vollen schöpfen, Idealismus, religiöse Einstellung, gerecht und großzügig handeln. Wanderlust, Naturliebe.

51   Jupiter ungünstig mit Schütze   **T – 6**
Besserwisserei, Rechthaberei, zuviel ausgeben, Angabe, Schaden durch Völlerei.

52   Jupiter günstig mit Saturn   **P – 6**
Gesunder Menschenverstand und Redlichkeit bringen voran. Eine ernste und ausgeglichene Natur, die vorsichtig und mit Augenmaß reagiert. Daher auch Erfolgsaussichten, doch brauchen diese auch einige Zeit.
   Nur was sich langsam entwickelt, hat wirklich Chancen. Überlieferte Gesichtspunkte werden konfliktlos übernommen, das Vorwärtsschreiten geschieht ohne Hast, gewissenhaft wird ausgefeilt und vollendet.

53   Jupiter ungünstig mit Saturn   **P – 6**
Schwierigkeiten mit Geld, Verträgen, Vorgesetzten, bei der Karriere, auch gesundheitliche Sorgen. Es gibt Rückschläge, die mit Geduld und Mut überwunden werden.

54   Jupiter günstig mit dem MC (Medium Coeli)   **T – 10**
Vertrauen in die eigenen geistigen Fähigkeiten, Verlangen nach Information und Bildung, Reiselust, Auslandserfahrung, Vorteile durch Ausländer, Chancen im Beruf.

55   Jupiter ungünstig mit dem MC (Medium Coeli) T – 10
Pläne sind nicht ausgereift, zu große Eile, großzügig und voller guter Absichten, aber Indiskretion und Mangel an gesundem Men-

– 236 –

schenverstand bringen Schaden. Ärger mit der Behörde in Finanz-
oder Rechtssachen, Mangel an Protektion.

56   Saturn günstig mit Merkur   K – 4

Sie üben geistige Disziplin, leisten fehlerfreie Kopfarbeit. Systematisches Arbeiten ist begünstigt. Die Aufmerksamkeit konzentriert
sich auf gesicherte Kenntnisse und nutzvoll unterzubringende Tatsachen. Manchmal mögen Sie sich allerdings auch zurückhalten,
etwa durch kluges Verschweigen, z. B. da, wo ein aufklärendes
Wort gefährden könnte. Dieser Aspekt läßt auch Familientradition
fortführen, etwa im erfolgssichernden Erwerbssinn oder mit geistigem Fundament.

57   Saturn ungünstig mit Merkur   K – 4

Schmalspurdenken, zu einseitig sein, den Wald vor lauter Bäumen
nicht sehen. Sie neigen zu Irrtum und Vorurteil. Lassen Sie doch
auch mal die Meinung der anderen gelten. Pessimistische Einstellung oder Urteile bringen Sie nicht weiter.

58   Saturn günstig mit Mond/Venus   H – 4

Ernste Gefühle und Neigung, vorsichtige Haltung, die sich nicht
gern anderen offenbart. Zurückhaltung in Herzensdingen. Kontrollierte Empfindungen und Leidenschaften.

59   Saturn ungünstig mit Mond/Venus   H – 4

Frust, Pessimismus, Mangel an Freude, Vitalität und Zuneigung.
Schmerzliche Erinnerungen erschweren es, in der Gegenwart glücklich zu sein. Viele Enttäuschungen im Leben, Mangel an Selbstvertrauen. Anderen gegenüber mißtrauisch und mit Vorurteilen.

60   Saturn günstig mit Jupiter   T – 4

Gesunder Menschenverstand und Redlichkeit bringen voran. Eine ernste und ausgeglichene Natur, die vorsichtig und mit Augenmaß reagiert, daher auch Erfolgsaussichten. Doch brauchen diese auch einige Zeit. Nur was sich langsam entwickelt, hat wirklich Chancen. Überlieferte Gesichtspunkte werden konfliktlos übernommen, das Vorwärtsschreiten geschieht ohne Hast, gewissenhaft wird ausgefeilt und vollendet.

61   Saturn ungünstig mit Jupiter   T – 4
Schwierigkeiten mit Geld, Verträgen, Vorgesetzten, bei der Karriere, auch gesundheitliche Sorgen. Es gibt Rückschläge, die mit Geduld und Mut überwunden werden.

62   Saturn günstig in Steinbock   P – 4
Was lange währt, wird endlich gut. Es geht langsam voran, doch gibt dies mehr Sicherheit. Routine ist wichtig und Voraussetzung für Erfolge. Günstig für Grund und Boden, Immobilien, für die Wohnung oder Besitzregelung.

63   Saturn ungünstig in Steinbock   P – 4
Eifersucht, Geiz, Kaltherzigkeit führen zur Vereinsamung. Vieles wird zu ernst genommen und zu schwarz gesehen. Mehr Mut und locker lassen wären eine Hilfe. Egoistische Einstellung.

64   Uranus günstig mit Merkur   K – 7
Ein aktives, schöpferisches Denken, reich an Intuition, eine praktische Veranlagung, Unabhängigkeitsdrang, ungewöhnliche Ausdruckskraft in Rede und Schrift. Sehr progressive Gedanken, moderne Einstellung, Drang zu plötzlicher Veränderung.

65   Uranus ungünstig mit Merkur   K – 7
Plötzlich treten Hindernisse auf. Gedanken lassen sich selten schnell verwirklichen, denn Unruhe, Schüchternheit, Lampenfie-

ber, Unverstandensein oder Eigensinn stören. Nervosität ist typisch. Geistige Ziele sind zu hoch gegriffen.

66   Uranus günstig mit Mond/Venus   H – 7
Nach innerem Instinkt handeln, wobei starker Eigenwille, intensive Gefühle, Ehrgeiz und Zielstrebigkeit, auch praktische Fähigkeiten den Erfolg bringen. Freunde helfen. Plötzlich kann Zuneigung erworben werden, oder es gibt außergewöhnliche Ereignisse in der Liebe. Kennzeichen einer anziehenden Persönlichkeit, eines guten Geschmacks. Plötzliche Freundschaften sind von kurzer Dauer.

67   Uranus ungünstig mit Mond/Venus   H – 7
Eine eigenwillige Veranlagung, besonders auf dem Gebiet der Liebe oder in der Kunst. Emotionen übertönen die Vernunft. Die Veranlagung ist nervös und eine Neigung zu eigenartigem, wenn nicht gar exzentrischem Leben gegeben. Zeitweise können auch ein rebellisches Wesen und übereiltes, eigenwilliges Handeln zu plötzlichen Fehlschlägen führen, besonders im Gefühlsbereich. Viel innere Unruhe.

68   Uranus günstig mit Jupiter   T – 7
Überraschung, Zufall, ungeahnte Wendung zum Besseren.

69   Uranus ungünstig mit Jupiter   T – 7
Zu starke Freiheitsliebe. Auf eigenen Grundsätzen wird mehr aus Opposition als aus Überzeugung beharrt. Es kann Differenzen mit Vorgesetzten oder in der Ehe geben, auch Auflehnung gegen Gesetze.

Günstige Gelegenheiten werden im letzten Augenblick verpaßt, zu große Selbständigkeit und Offenherzigkeit schaden. Man halte sich ans Bewährte, da Risiko nur Verlust bringt.

70 Uranus günstig mit Saturn   **P – 7**

Starker Wille in der Kombination mit Organisationstalent befähigt
zu besonderer Leistung. Jede größere Aktion ist jedoch mit Gefahren und Problemen verbunden. Die Aussichten sind meist nicht
günstig. Man sollte sich besser nach der Decke strecken, als
Risiken eingehen.

71 Uranus ungünstig mit Saturn   **P – 7**

Konservative und radikale Tendenzen geraten in Widerstreit. Plötzlich gibt es keine Sicherheit mehr.

Verlust des Arbeitsplatzes oder schwere Krankheit, Mißgeschick, Verkehrsunfall oder durch Umgang mit der modernen
Technik. Rückschläge in der Laufbahn oder Sturz aus sicherer,
hoher Position.

72 Neptun günstig mit Merkur   **K – 3**

Die Karte spricht für rege Phantasie, Gedankenreichtum, für ein
gutes Gedächtnis und eine gefällige Ausdrucksweise, weil das
Unbewußte die Vernunft ergänzt. Reiselust, Erfolge im Ausland.

73 Neptun ungünstig mit Merkur   **K – 3**

Das Unbewußte und die klare Vernunft stehen einander entgegen. Daher ist das Gedankenleben verwirrt, täuscht man sich, leidet das Gedächtnis, gibt es zu viele Zweifel, zuwenig Selbstvertrauen. Oder die Urteilskraft ist zu schwach. Weitgespannte Pläne
lassen sich selten verwirklichen. Kein Glück auf weiten Reisen
oder im Ausland.

74 Neptun günstig mit Mond/Venus   **H – 3**

Verfeinertes Seelenleben, verstärkte Feinfühligkeit, was sich als
Sensitivität wie als Empfänglichkeit für alle Eindrücke äußert. Hervorragende Inspiration und Phantasie, Reiselust und intensives

– 240 –

Wunschleben sowie außergewöhnliche seelische Zustände und Anlagen. Das Schicksal ist von der Umwelt sehr abhängig.

75   Neptun ungünstig mit Mond/Venus   H – 3

Verwirrende Einflüsse im Seelenleben, Selbsttäuschungen und eigenartige wie unerreichbare Ziele. Beruflich wird das Falsche getan, wie überhaupt eine Neigung zum Betrug oder zum Betrogenwerden vorliegt. Eigenartige Eltern oder Partner. Parapsychologische Aktivitäten können unangenehme Folgen haben. Es ist schwer, eigene Ideale zu verwirklichen oder den idealen Partner fürs Leben zu finden. Enttäuschung oder Ernüchterung liegen nahe. Oder es werden Irrwege in der Liebe eingeschlagen, in Geldangelegenheiten wird auch nicht Maß gehalten, weil Neigung zur Verschwendung gegeben ist.

76   Neptun günstig mit Jupiter   T – 3

Eine glückliche Selbstgestaltung des Lebens und des Schicksals, Freude an Formgebung, Kunst, Interesse an metaphysischen und religiösen Problemen, idealistische Neigungen, viel Menschenliebe.

77   Neptun ungünstig mit Jupiter   T – 3

Unangebrachte Großzügigkeit, Ausnutzung durch andere. Zwiespalt zwischen Ideal und Wirklichkeit. Es müssen viele Erfahrungen gesammelt werden, bevor das Leben gemeistert wird. Religiöse Fragen spielen eine große Rolle, es kann eine Neigung zu Schwärmerei und Unverstandensein vorliegen bzw. Schwierigkeiten in Familie und Gesellschaft geben. Schaden durch Spekulation.

78   Neptun günstig mit Saturn   P – 3

Weitblick, geistige Interessen, weite Reisen und Auslandserfahrung, gründliches Vorbereiten aller Aktionen. Handeln aus dem Unbewußten. Auf die innere Stimme ist Verlaß.

79 Neptun ungünstig mit Saturn   P – 3
Sich etwas vormachen, getäuscht oder hintergangen werden. Schwerer Schaden durch Intrige oder Gifte. Gefahr ernsthaft zu erkranken.

80 Pluto günstig mit Merkur   K – 8
Durchdringender Verstand, den Dingen auf den Grund kommen wollen, Interessen sehr intensiv verfolgen.

81 Pluto ungünstig mit Merkur   K – 8
Kein Blatt vor den Mund nehmen, streiten, falsch eingesetzter Intellekt, im Umgang mit anderen zu rigoros sein.

82 Pluto günstig mit Mond/Venus   H – 8
Tiefe Gefühle, Leidenschaften, eine schicksalhafte (Liebes-)Beziehung.

83 Pluto ungünstig mit Mond/Venus   H – 8
Intensive, doch letzten Endes unerfüllte Liebe. Sich in Gefühle verstricken.

84 Pluto günstig mit Jupiter   T – 8
Risiken und Gefahren können durchaus Chancen in sich bergen. Spirituelle Kräfte beeinflussen günstig.

85 Pluto ungünstig mit Jupiter   T – 8
Geistiger Hochmut und Eigensinn, sich in große Gefahr begeben, Verluste erleiden, Pech haben, starke Belastung anstatt des erwarteten Glücks.

86 Pluto günstig mit Saturn   **P – 8**

Sich unbeugsam mit den Schwierigkeiten des Lebens auseinandersetzen.

87 Pluto ungünstig mit Saturn   **P – 8**

Große Sorgen, schicksalhafte Einflüsse, unter Druck und Bevormundung leiden.
  Negative soziale Umstände, Gefahr von Intrigen; Selbstsucht. Unter einem Diktator leiden.

88 Mondknoten günstig mit Merkur   **K – 2**

Erfolge durch Zusammenarbeit mit anderen, sich auf andere geschickt einstellen können.

89 Mondknoten ungünstig mit Merkur   **K – 2**

Keine Erfolge in der Zusammenarbeit, weil es schwerfällt, die Meinung anderer zu akzeptieren.
  Sich ungeschickt verhalten.

90 Mondknoten günstig mit Mond/Venus   **H – 2**

Einfühlung in das Wesen anderer erleichtert das Zusammenleben oder die Zusammenarbeit. Vorteile durch andere; gemeinsam Probleme lösen.

91 Mondknoten ungünstig mit Mond/Venus   **H – 2**

Von anderen enttäuscht sein, doch auch sich selbst zuwenig auf andere einstellen. Es gibt häufiger Trennungen, auch in der Zweisamkeit.

92 Mondknoten günstig mit Jupiter   **T – 2**

Erfolgreich sein im Zusammenwirken mit anderen, Nutzen durch Verträge.

– 243 –

93 Mondknoten ungünstig mit Jupiter   T – 2
Schlecht für gemeinschaftliche Aktivitäten, sich nicht in eine Gemeinschaft einordnen können.

94 Mondknoten günstig mit Saturn   P – 2
Verbindungen sollen lange halten und werden vorsichtig und mit Überlegung eingegangen.
Altersunterschied ist förderlich.

95 Mondknoten ungünstig mit Saturn   P – 2
Mißtrauen gegenüber anderen verhindert eine reibungslose Zusammenarbeit.
Egoismus zahlt sich nicht aus.
Es gibt immer wieder Abbrüche und Trennungen.

96 Aszendent günstig mit Merkur   K – As
Es wirkt im intellektuellen Bereich ein aktivierender Trend.
Er erhöht die geistige Energie, verstärkt alle Tendenzen wie Redebegabung, Gewandtheit im Ausdruck.
Diese Person zeigt pädagogisches Geschick, kaufmännische Fähigkeiten und ist evtl. schriftstellerisch begabt.

97 Aszendent ungünstig mit Merkur   K – As
Ähnlich wie vorstehend, doch tendiert diese Person zu geistigen Spannungen, zu Kritik und Nervosität.

98 Aszendent günstig mit Mond/Venus   H – As
Ein harmonisches, liebevolles Wesen, das sich die Zuneigung vieler Menschen erwirbt, ein gutes Urteil über den realen Wert der Dinge hat, über künstlerische Neigungen verfügt und die Bereitschaft zeigt, eine harmonische Ehe zu führen.
Lebhafte Phantasie, eine sehr gefühlsbetonte Einstellung.

99 Aszendent ungünstig mit Mond/Venus   H – As

Ein disharmonisches, launenhaftes Wesen, ungünstige Erfahrungen in Geld- und Liebesangelegenheiten, wobei oft den gefühlsmäßigen Regungen zu sehr nachgegeben wird gegenüber notwendigen Willensentscheidungen. Finanzielle oder soziale Schwierigkeiten. Unkluge amouröse Beziehungen, Sentimentalität, zu sorglos im Umgang mit Geld.

100 Aszendent günstig mit Jupiter   T – As

Optimismus und Selbstvertrauen erlauben, andere für sich zu gewinnen und zu mobilisieren. Sie denken und handeln gerecht, reisen gern und haben einen weiten geistigen Horizont, dazu gute Aussichten, gesund zu bleiben. Vorteile durch Verträge, in Geld- oder Rechtssachen.

101 Aszendent ungünstig mit Jupiter   T – As

Sie sollten sich bei Ihren Aktivitäten nicht verzetteln, in den zwischenmenschlichen Kontakten nicht hochtrabend sein und genau prüfen, inwieweit es sich lohnt, sich gesellschaftlich zu exponieren. Diätfehler; Sie lassen es sich zu gut gehen oder geben zuviel aus.

Mißerfolg in Vertrags- oder Prozeßangelegenheiten.

102 Aszendent günstig mit Saturn/Mars   P – As

Ein Hinweis auf eine stoßkräftige, mitunter aggressiv handelnde Persönlichkeit.

Sie ziehen unweigerlich die Aufmerksamkeit auf sich, wie Sie es auch lieben, auf Ihre Umwelt einen nachdrücklichen Einfluß auszuüben. Oder Sie wollen die Situation in Ihrem Milieu gern ändern, nicht zuletzt, um selbst das Heft in die Hand nehmen zu können. Unbedingte Durchsetzung. Gelingt sie nicht beim ersten Anlauf, bohren Sie mit Geduld, bis es klappt.

103 Aszendent ungünstig mit Saturn/Mars   P – As

Härte, Unbeugsamkeit, Schwierigkeiten, Gefühlslosigkeit. Gefahren durch Gewalt, auch selbst Probleme mit Gewalt lösen wollen. Streit, Unfallneigung, Krise. Es fehlen die innere Balance und die klare Richtung. Ein Mißlingen bewirkt Zorn und Frust.

Die Qualität der Zeit

Der Astrologe wie der Kartenleger gehen davon aus, daß jede Zeit eine ganz bestimmte Qualität hat. Die Griechen machten das durch zwei unterschiedliche Worte deutlich. Chronos bezeichnete die gemessene Zeit, Kairos deren Qualität.

Es ist Chronos oder Saturn, der den Menschen mit dem Stundenglas an die Vergänglichkeit mahnt und der auf den mittelalterlichen Holzschnitten als »Sensenmann« dargestellt ist. Dagegen hielt der aus dem Persischen stammende Zeitgott Zervan als »Gott der unendlichen Zeit« Einzug in die römische Mithras-Religion. Als Jüngling mit Löwenhaupt und von einer Tierkreis-Schlange umringt, weist er auf das Gewicht besonderer Zeitabschnitte hin. So feierten die Mithrasbekenner die Wochentage als die einzelnen Planeten zugeordneten Zeitabschnitte ebenso wie die Jahreszeiten. Sie wußten um den Qualitätsunterschied der Zeit.

Die Bibel läßt da recht ausführlich König Salomo zu Wort kommen, der fast ein Jahrtausend vor Christus lebte und den man ob seiner Erkenntnisse den Weisen nannte. Er stellt im 3. Kapitel des Buchs des Predigers fest:

»Ein jegliches hat seine Zeit, und alles Vorhaben unter dem Himmel hat seine Stunde: Geboren werden, heilen, sterben, töten, weinen, lachen, klagen, tanzen, lieben, hassen... alles hat seine Zeit.«

Wenn ein Menschenleben aus eigenem körperlichen Vermögen seinen Anfang nimmt, also mit der Geburt, geschieht dies jeweils unter den an diesem Tage wirksamen Konstellationen von Sonne, Mond und Wandelsternen. König Salomo sagt dies mit folgenden Worten: »Alles hat seine Zeit, und alles Vorhaben unter dem Himmel hat seine Stunde: geboren werden hat seine Zeit... «

Steht nun am Geburtstag eines Menschen etwa das Glückssymbol Jupiter in harmonischer Distanz zur Sonne, so ist dies für die spätere Gesundheit und das Wohlergehen des Kindes ein gutes

Vorzeichen, ein Omen. Die entsprechende Geburtsstunde entscheidet, in welchen Bereichen des Lebens sich dieser »Glücksstern« besonders auswirken wird. Würde aber zum selben Zeitpunkt ein anderer Organismus zu existieren beginnen, gälte dies auch für diesen. Es könnte ein Tier oder eine Pflanze sein oder auch ein Staat oder eine Partei gegründet werden.

Da alles Vorhaben seine Zeit hat, ist es nicht gleichgültig, unter welchen Konstellationen man sich z. B. einer Operation unterzieht, denn auch »Heilen hat seine Zeit«. Die Erfahrung spricht dafür, daß unter einem harmonischen Jupiter-Sonne-Stand die Aussichten auf eine Heilung besser sind als etwa unter einem widrigen Saturn-Sonne-Aspekt. Eine ausgesprochen technische Sache wird man dagegen besser unter einem positiven Mars-Aspekt beginnen, während es Venus-Einflüsse sind, die dem Hinweis entsprechen: »Lachen und tanzen hat seine Zeit«. Bei »Reden hat seine Zeit«, denkt man an einen positiven Merkur-Stand.

Nicht übersehen darf man freilich, daß für jede Handlungsweise auch eine entsprechende individuelle Veranlagung gegeben sein muß. Der beste Merkur-Aspekt wird einem untalentierten Menschen nicht helfen, auf eine interessante Weise mit einem Referat Hörer anzusprechen oder einen Kunden so zu überzeugen, daß ein einträgliches Geschäft zustande kommt. Wohl aber würde ein »geborener« Redner in Bestform sein und ein talentierter Verkäufer das Optimale erreichen. Doch auch »Streit hat seine Zeit, Friede hat seine Zeit«.

Eine Rechts- oder Vertragsangelegenheit nimmt am besten unter Jupitereinfluß ihren gedeihlichen Anfang. Das trifft durchaus auch auf eine Heirat (= Ehevertrag) zu.

Während also der Astrologe sein Horoskop nach dem Himmel ausrichtet, handelt der Kartenleger in der Überzeugung, daß die von einem Fragesteller gezogenen Karten dessen innerster Veranlagung entsprechen und daher auch ein Bezug zur Zeitqualität vorliegt. Wie diese beschaffen ist, wozu der Fragesteller im Augenblick motiviert ist, lassen die ausgelegten Karten erkennen.

Die Karten wie das Horoskop gehen von einer erkennbaren Zeitqualität aus. »Zeit« muß also zunächst gemessen und dann bewertet werden. Die Astrologie als eine Form der Schicksalspsychologie mißt die Zeit an den rhythmischen Umläufen von Sonne, Mond und Planeten. Der Kartenleger orientiert sich wesentlich am Sonnenumlauf in der Form des Kalenderjahrs.

Die 52 Wochen des Jahres werden durch die 52 Karten eines normalen Kartenspiels symbolisiert. Die Skatkarte mit ihren 32 Karten stellt daraus eine Verkürzung dar, indem die Zahlenkarten 6, 5, 4, 3 und 2 weggelassen sind. Für Wahrsagezwecke sollte man daher dem vollständigen 52-Karten-Blatt den Vorzug geben.

Seine vier Farben entsprechen der Unterteilung des Jahres in die vier Jahreszeiten, und zwar bezeichnet Karo den Frühling, Treff den Sommer, Herz den Herbst und Pik den Winter. Eine ähnliche Vierteilung kennt auch das Horoskop; der Astrologe spricht von dessen Quadranten. Bei seiner Arbeit berücksichtigt er die vier Elemente Feuer, Erde, Luft und Wasser. Diese meinen allerdings weniger die chemischen Elemente. Wasser ist demnach erst in zweiter Linie H_2O, denn vor allem heißt »Wasser« Gefühl, die Emotionen. Das »Feuer« des Astrologen ist der Wille, »Luft« bezeichnet den Geist, die Gedanken, und »Erde« bedeutet irdisch, realistisch, praktisch.

Ebenfalls in der Kartomantie entsprechen die vier Kartenfarben den vier Elementen, auch im Hinblick auf den Charakter gemäß der antiken Lehre von den vier Temperamenten:

Karo	=	**Luft**	(sanguinisches Temperament)
Treff	=	**Feuer**	(cholerisches Temperament)
Herz	=	**Wasser**	(phlegmatisches Temperament)
Pik	=	**Erde**	(melancholisches Temperament)

Die Astrologie findet die vier Temperamente in jeweils drei *Tierkreiszeichen*.[1]

Jedes dieser zwölf Zeichen hat einen Planeten als Regenten und verkörpert, was sein Wesen ausmacht. Ganz eindeutig ist das bei **Karo**. Es entspricht der Natur des Planeten **Merkur**. Sie zeigt sich am reinsten in den **Zwillingen**.

Nicht so eindeutig ist die Gleichsetzung von **Treff** mit **Jupiter,** dem Regenten des **Schützen,** denn Treff enthält auch einige Wesenszüge, die an Mars bzw. Saturn erinnern.

Herz als Gefühlsbereich muß mit dem **Mond** und damit auch mit dessen Zeichen **Krebs** in Verbindung gebracht werden. Tatsächlich jedoch finden sich hier überwiegend **Venus**-Bezüge, wie sie im Zeichen **Stier** enthalten sind.

Pik als Farbe, die in erster Linie Hemmungen oder Verzögerungen ausdrückt, hat eine starke Affinität zu **Saturn** und damit zum **Steinbock.**

Das Gesagte macht deutlich, daß es nicht ohne weiteres gelingt, das astrologische System auf das kartomantische zu übertragen. Soviel wird jedoch deutlich: Die »normalen«, also üblichen Spielkarten haben durchaus okkulte, d. h. verborgene Wurzeln.

Die Sache wird weniger geheimnisvoll, wenn man die Bezüge zur Astrologie aufdeckt. Wie es bei der Chirologie möglich ist, von einer Sphäre auf die andere zu schließen, nämlich von der Horoskop- auf die Handdeutung, so bietet sich ein ähnliches Verfahren für den Gebrauch der Karten an. Wer sich in der Horoskopie auskennt, hat damit einen recht praktischen Schlüssel fürs Kartenlegen.

Das astrologische Wissen ist uralt, ebenso die chinesische Philosophie, die zugleich in Form des Taoismus Religion ist. Das Tao, das Eine, Ganze, lebt aus dem Gegensatz bzw. aus der Ergänzung von YIN und YANG. Dieses Begriffspaar ist auf der Fahne und im Wap-

---

1 siehe Seite 183 »Das Wichtigste vom Horoskop«

pen der Republik Korea als Kreis mit zwei einander umfangenden Hälften dargestellt. YIN hat die Bedeutung weiblich, YANG männlich. Alles Gleichgewicht in der Welt ist abhängig von dieser Dualität, dem Wechsel von Tag und Nacht, von heiß und kalt, von stark und schwach, von zeugen und empfangen. Bei den Karten wird die Dualität durch die Farben, durch Rot und Schwarz, ausgedrückt. Astrologisch entspricht das Prinzip der Dualität dem Verhältnis von positiven und negativen, von männlichen und weiblichen Planeten oder Zeichen, psychologisch von intro- und extrovertiert. Rote Karten sind ein Hinweis auf »weiblich«, während die beiden schwarzen Karten Treff und Pik »männlichen« Charakter haben.

Die Sonnenbahn, die Ekliptik, das ist der Jahresweg der Sonne, den sie alljährlich am 21. März beginnt, wenn sie, aus der südlichen Hemisphäre kommend, den Himmelsäquator überschreitet. Sie entspricht einem Kreis. Die 365 bzw. 366 Kalendertage des Jahres werden somit auf die 360 Grade des Tierkreises aufgeteilt.

Nicht anders ist es bei den Karten. Auch sie erfassen und spiegeln das Kalenderjahr. Jedes der 4 Kartensymbole hat 13 Karten. Das Jahr aber hat 13 Mondumläufe. Rechnet man das As mit 1 Punkt, gibt man dem König 13, der Dame 12, dem Buben 11 Punkte, macht das bei vier Symbolen mit den Zahlenkarten 364 aus (+ 1 Karte, den Joker). Es gibt mehrere Möglichkeiten, um mit 364 bzw. 365 Tagen zu spekulieren. Man könnte auch jede der vier Farben als Symbol einer Jahreszeit ansehen. Rechnet man diese mit 91 Tagen, so kommt man wieder auf 364. Teilt man die 91 Tage einer Jahreszeit durch 7, also durch die Zahl der Wochentage, erhält man wieder 13, die Anzahl der Karten jeder Farbe.

Wenn es aber so ist, daß ein Zusammenhang zwischen dem Kalender eines Jahres und den Karten besteht, dann kann man auch für jeden Tag eine Karte geltend machen, wobei man dem Joker den 29. Februar zuteilt. Sinnvoll ist es, mit dem 21. März, dem Beginn des astrologischen Jahres zu beginnen, weil dieses gemäß der astronomischen Gegebenheiten der eigentliche Jahresbeginn ist. Der 1. Januar, mit dem das bürgerliche Jahr anfängt, hat indessen keinerlei Bezug zum Naturgeschehen.

Es scheint gerechtfertigt zu sein, bei den Karten von einem System zu sprechen, auch wenn die Zusammenhänge nicht eindeutig sind.

Karten und Zahlen

Nicht nur in der Astrologie, auch in der Kartomantie haben Zahlen eine besondere Bedeutung. Sie sind nicht nur Rechenbehelfe oder Ziffern, um bestimmte sachliche Vorstellungen zu erfassen.

Die Zahl 1
Die 1 ist Symbol für das As, den höchsten Wert. Als Ideenzahl weist die 1 auf den Ursprung, auf Gott, die Alleinheit, das schaffende Urprinzip, den reinen Geist hin. Ihre Bildgestalt ist der Kreis mit dem Mittelpunkt, jenes Zeichen, das in der Astronomie noch heute das Symbol der Sonne ist; für uns Erdenmenschen der sichtbare, strahlendste Ausdruck allen Lebens.

Die Zahl 3
Die 3 bedeutet die Synthese der 1 mit der Mondzahl 2, die Durchdringung des Geschaffenen mit göttlichem Geist. Sie weist hin auf den harmonischen Zusammenklang von Gott, Kosmos und Mensch, von Geist, Seele und Leib, von Denken, Fühlen und Wollen. Zugleich ist die 3 Symbol der göttlichen Trinität von Vater, Sohn und heiligem Geist, von Willen, Liebe und Weisheit in Gott. Die Dreiheit spiegelt sich auf verschiedene Weise in der Natur wider, räumlich in den drei Dimensionen von Länge, Breite und Höhe, zeitlich in Vergangenheit, Gegenwart und Zukunft, physika-

– 253 –

lisch in den drei Aggregatzuständen fest, flüssig, gasförmig, im Pflanzenreich als Wurzel, Blatt und Blüte. In den Karten findet sich die Trinität in den drei Hofkarten König, Dame, Bube.

Die Zahl 4

Die 4 ist die Zahl der antiken irdischen Elemente Erde, Wasser, Luft und Feuer. Sie deutet auf Verstofflichung, Materialisierung, Verwirklichung hin. Die 4 modernen chemischen Elemente Wasserstoff, Sauerstoff, Stickstoff und Kohlenstoff bilden die Grundlage der stofflichen Welt. Vierfach ist die Zahl der irdischen Lebensbereiche: Stein, Pflanze, Tier, Mensch. Vierfach ist auch die Zahl der Temperamente: Melancholie, Phlegmatik, Sanguinik, Cholerik. Viergeteilt ist der Phasenwechsel des Mondes: Neumond, Erstes Viertel, Vollmond, Letztes Viertel. Vier Haupthimmelsrichtungen ergeben sich aus dem Tageslauf der Sonne. Vier Jahreszeiten gliedern das Sonnenjahr.

Die Karten haben die vier Symbolgruppen Karo, Treff, Herz und Pik. Außerdem erweitern die eigentlichen Wahrsagekarten, der Tarot, die Trinität der drei Hofkarten auf vier: König, Dame, Ritter und Bube. Dadurch wird es eindeutiger, im Ritter oder Reiter stets einen Mann, im Buben aber bei Bedarf auch ein Mädchen zu sehen.

Die Zahl 10

Multipliziert man die 4 mit 10, ergibt dies 40, die Anzahl der Zahlenkarten im Spiel. 10 ist die Grundlage unseres dekadischen Systems, die heilige Zehnzahl, die schon im alten Indien und in Persien, in Ägypten, bei den Juden und in Griechenland auf die Unendlichkeit der Gotteswelt und die Weltvollendung hinweist.

Bei Indern, Ägyptern und Juden gibt es 10 Gottesnamen. Berühmt sind die 10 Gebote vom Sinai. Das alte römische Jahr hatte 10 Monate. Die 10 bildet die Grundzahl unseres dekadischen Zahlensystems. Es scheint also gerechtfertigt, die 10 an dieser Stelle als Multiplikator ins Spiel zu bringen. 40 ist eine biblische Zahl. Moses blieb 40 Tage auf dem Sinai, Christus fastete 40 Tage in der Wüste.

Die Zahl 12

Die Zwölf spielt in den okkulten Wissenschaften aller Völker eine enorm große Rolle. Das gewaltige kosmische Zifferblatt ist bis heute das himmlische Urbild für das Zifferblatt unserer Uhren, mit dem wir unseren Zeitenkreis messen. Die Zwölf ist nicht nur die Zahl der Gliederung des Raumes, sie ist auch die Zahl der Harmonie und des Ausgleichs. Jakob hatte zwölf Söhne, und so hatte Israel zwölf Stämme. Sie werden im Jakobssegen des Alten Testamentes den zwölf Tierkreiszeichen zugeordnet, ebenso die zwölf Apostel. Das himmlische Jerusalem hat zwölf Tore und das Kartenspiel die zwölf Hofkarten.

Bücher des Autors Alexander von Prónay

Helfen Horoskope hoffen? – Testen Sie selbst Astrologie! 1973
Horoskope und Politik. So stellen Sie selbst Prognosen zum Zeitgeschehen. 1973
Sterne in uns – Überlegungen zur Astrologie. 1975
Die große Partnerschaftsanalyse. 2. Auflage 1990
Das große Transitbuch zur astrologischen Prognose. 3. Auflage 1990/91
Astrologische Direktionen – verständlich und praktisch. 1983
Die Prognose nach dem Geburtshoroskop. 1984
Glücklich durch richtige Partnerwahl – Die zwölf antiken Tierkreiszeichen neu gesehen. 1984
Die Deutung des Solarhoroskops und aller Grade des Zodiaks. 1988
Die Sterne haben doch recht. 1976, als Taschenbuch 1982
Das ASTROBUCH von Menschen – Wetter – Wein. 1986
Das Sonnenhoroskop. 1987
Handdeutung und Horoskop. 1989, 3. Auflage 1993
Mithras und die geheimen Kulte der Römer. 1989
Karten legen – astrologisch deuten. 1993

Der Autor ist seit 1973 Herausgeber und Verfasser des **Lorcher Astrologischen Kalenders.** Der Jahrgang 1994 erschien unter dem Titel **Prónay, Mein astrologisches Jahrbuch 1994** im Realis Verlag, München.

Jahr für Jahr, Tag für Tag:

Ihr präziser astrologischer Begleiter

Jedes Jahr ab Anfang
September im Handel.
Rund 60 Tabellen
und 50 Abbildungen.
ca. 300 Seiten, DM 12,90

Das traditionsreiche Jahrbuch des bekannten Astrologen und Autors Alexander von Prónay bietet eine einzigartige Zusammenstellung der wichtigen astrologischen Daten und Fakten eines Jahres. In zwei parallel nutzbaren Kalendarien werden sowohl die Mundan-Aspekte – Tag für Tag – als auch die Planeteneinflüsse für jedes Sternzeichen – Dekade für Dekade – vorgestellt und interpretiert. Der umfangreiche Tabellenteil enthält Übersichten über Mondlauf und Mondaspekte, Uranustermine, Jupitertermine, Sonnen- und Mondfinsternisse, Erfolgs- und Sorgenmonate, Planetenlauf, Planetenpositionen, Aszendent und MC, Pflanz- und Saattermine sowie viele weitere interessante Beiträge für alle, die sich ernsthaft mit dem Horoskop eines Jahres beschäftigen.